실전에 강한 무역창업

# 무역으로 돈을 벌 수 있는 7가지 방법

이기찬(이기찬무역연구소) 지음

중앙경제평론사

## | 머리말 |

조기퇴직과 청년실업의 심각성이 사회적인 이슈로 대두되고 있다. 평균수명은 늘어만 가는데 노후준비가 되어 있지 않은 상태로 일자리를 떠나야 하는 조기퇴직자의 마음은 무겁기만 하다. 아무리 발버둥쳐도 일자리를 구할 수 없는 청년실업자의 경우는 더욱 심각하다. 취업전선에서 낙오한 수많은 청춘들이 쏟아내는 한숨이 온 나라를 뒤덮고 있다.

취업을 포기한 조기퇴직자와 청년실업자들이 창업전선에 나서고 있으나 이 또한 쉬운 일이 아니다. 경험 없는 분야에 뛰어 들었다가 얼마 되지 않는 퇴직금만 날리고 한숨짓는 퇴직자들의 안타까운 사연이 꼬리를 물고, 의욕만 가지고 겁 없이 창업을 했다가 주변 사람들에게 민폐만 끼치고 사업을 접어야 하는 청년창업자 또한 적지 않다.

창업자들이 부딪치는 가장 큰 문제는 제대로 된 길잡이가 없다는 것이다. 관련단체나 지방자치단체에서 다양한 창업지원프로그램을 쏟아내고 있으나 보여주기 식 전시행정에 그치는 경우가 많고, 정작 창업자들이 필요로 하는 구체적인 가이드라인이 부족한 것이 엄연한 사실이다. 변변한 나침반 하나 없이 창업전선에 뛰어든 창업자들의 마음은 불안하기만 하다.

오래 전에 내가 그랬다. 10년간의 직장생활을 마감하고 창업에 나섰을 때의 막막함이란 심심산골에 처박혀 살다가 생전 처음 구경 온 대도시 한가운데서 길을 잃은 아이의 심정과 흡사했다. 무엇을 어떻게 하겠다는 구체적인 계획도 없이 무작정 회사를 그만 두었기에 주변 사람들의 걱정이 태산 같았다.

다행히 나보다 먼저 창업에 나선 친구가 있어서 일이 막힐 때마다 조언을 구할 수 있었지만 바쁜 사람을 붙잡고 나의 모든 궁금증을 해결할 수는 없었다. 우여곡절이 많았고 힘든 순간도 많았다. 중도에 포기하고픈 유혹에 시달리기도 했다. 그래도 끝까지 살아남아서 나를 걱정했던 주변 사람들이 보란 듯이 아직도 무역현장에서 일하고 있으니 기적 같은 일이다.

2002년에 《오퍼상이나 해볼까?》라는 책을 출간한 이래 다수의 저서와 강의를 통해서 만난 독자와 수강생 중에 무역창업에 뜻을 두고 있는 사람들로부터 많은 질문을 받았다. 그들의 질문에 개별적으로 답변을 늘어놓다가 좀 더 많은 사람들이 공유할 수 있도록 무역창업과 관련한 모든 내용을 종합해서 책으로 펴내기로 했다.

아무런 연고나 경험이 없이 창업에 나서는 이들에게 무역이라는 업종은 상당히 매력적인 분야가 아닐 수 없다. 제조업처럼 특별한 기술이나 자본이 없어도 무역을 통해서 부를 쌓을 수 있는 길이 열려 있으며 학연이나 지연에 얽매이지 않고 전 세계를 대상으로 꿈을 펼칠 수 있는 기회가 널려 있다.

그렇다고 누구나 무역창업으로 성공할 수 있는 건 아니다. 수많은 사람들이 무역창업에 나섰다가 실패의 쓴잔을 들이킨다. 무역거래의 특성상 안정적인 수입을 거둘 때까지 시간도 많이 걸리고 끝내 자리를 잡지 못하고 중도에 포기하는 경우도 허다하다. 무역현장에서 살아남기 위해서는 참고 기다릴 줄 아는 인내심과 해외거래처의 마음을 읽고 움직일 줄 아는 지혜가 필요하다.

이 책은 이론적인 내용보다는 실제로 무역관련 업종을 창업해서 자리를 잡기까지 필요한 모든 실무적인 내용을 총망라해서 소개하는 데 주안점을 두고 있다. 창업절차는 물론 기본적인 무역실무와 업종별로 특화된 창업실무까지 다룸으로써 무역에 문외한인 사람이라도 무역창업에 도전할 수 있도록 하였다.

이 책을 저술함에 있어 나의 현장경험이 바탕이 되었지만 단순히 나의 경험담을 늘어놓는 데 그치지 않고 무역창업의 전반적인 내용을 체계적으로 정리함으로써 개인창업자는 물론 학교나 관련기관에서 교재로 사용하는 데도 부족함이 없도록 하였다.

이 책이 무역창업을 꿈꾸는 모든 이들에게 좋은 길잡이가 되기를 기원한다.

이기찬

| 차례 |



## 제1장 무역창업 칼럼

## 제4장 업종별 창업실무 수출



## 제5장 업종별 창업실무 수입

## 제6장 업종별 창업실무 무역에이전트



## 제7장 무역창업을 위한 대화

# 부록

끝을 생각하는 사람은 영웅이 될 수 없다.

– 터키 속담

제1장

# 무역창업 칼럼

# 걱정된다, 걱정돼

내가 만 34세에 잘 다니던 직장을 그만 두고 독립을 선언했을 때 주변 친구들로부터 가장 많이 들은 말이 '걱정된다, 걱정돼.'였다. 사업가적인 기질도 없어 보이고 사교적이지도 않은 데다 뒷돈이 두둑해보이지도 않는 내가 돌연 사업을 시작하겠다고 했으니 걱정이 될 만도 했으리라.

나는 그런 말을 했던 친구들이 누구인지를 지금까지 똑똑히 기억한다. 그중에는 안정적인 직장에 다니던 친구도 있었고 나보다 먼저 사업을 벌였던 친구도 있었다. 오랜 세월이 지난 지금 그들이 그토록 걱정했던 나는 아직까지 굳건하게 살아남아서 현역으로 일하고 있고 나를 걱정했던 친구들 중에 상당수는 곤궁한 삶을 이어가고 있다.

안정된 직장을 다니던 친구는 조기퇴직해서 무위도식한지 오래되었고, 나보다 먼저 큰 사업을 벌였던 친구는 재기할 수 없을 정도로 망해서 칩거 중이다. 그러니 세상은 오래 살고 볼 일이다. 앞으로의 삶이 어떻게 펼쳐질지에 대해서는 누구도 예측할 수 없는 것이 우리네 인생이 아닌가.

내가 처음 독립했을 때 가장 걱정이 많았던 사람은 바로 나 자신이었다. 안정된 직장에서 매달 꼬박꼬박 월급을 받다가 나 스스로 수입을 창출해야 하는 사업을 시작했을 때의 막막함이란 지금 생각해도 아찔하기만 하다. 그것도 치킨집이나 호프집처럼 처음부터 확실한 사업 아이템을 가지고 시작한 것도 아니고 아이템이나 연고도 없이 무작정 무역을 해보겠다고 나섰으니 사업 초기의 불안감이란 이만 저만한 것이 아니었다.

과연 나 혼자 힘으로 사업을 벌여서 단돈 한 푼이라도 벌 수 있을까. 이런 의구심은 사업을 시작하고 나서 꽤 오랜 시간이 지나도록 사라지지 않았다. 시간이 지날수록 길이 보이기는커녕 날이 갈수록 자신감이 없어지고 미래에 대한 불안감만 쌓여갔다. 스트레스에 억눌려 잠을 이루지 못하고 육신은 야위어만 갔다. 독립을 결심한 것에 대한 후회가 물밀 듯 밀려왔다. 끝내 자리를 잡지 못하고 가족들을 부양할 수 없을 것이라는 공포심마저 밀려왔다.

결과는 어떤가. 대부분의 또래 친구들이 일자리에서 밀려나 하루하루 막막한 생활을 하고 있는 지금까지도 나는 현역으로서 무역현장을 누비고 있다. 한때 그렇게도 후회했던 창업이 결과적으로 내 인생의 축복이었다는 생각이 든다. 그때 창업을 결심하지 않았더라면 내 인생의 황금기를 남의 눈치나 보고 먹기 싫은 술을 마시며 일에 치여서 살았을 것이다.

비록 창업 초기에 힘든 시간을 보내고 중간 중간 고비가 있었지만 누구의 눈치도 보지 않고 내 맘대로 일하고 자유를 만끽할 수 있으니 지금의 나의 삶이 행복하고 소중하기만 하다. 친구들의 입에서 '걱정된다, 걱정돼'가 아니라 '부럽다, 부러워.'라는 말이 튀어나올 것만 같다.

# 창업을 고민하는 사람들

창업을 고민하는 사람들이 늘어나고 있다. 그중에는 확실한 아이템을 가지고 성공의 부푼 꿈을 안고 시작하는 경우도 있지만 어쩔 수 없는 상황 때문에 떼밀리듯이 창업전선에 뛰어드는 사람들도 적지 않다. 그들에게 창업이란 선택의 대상이 아니라 생존을 위한 몸부림에 가깝다. 대안이 없는 상태에서 어쩔 수 없이 창업을 선택해야 하는 그들은 누구일까?

첫째, 취업이 안 되는 취업준비생이다. 아무리 취업을 하려고 발버둥 쳐도 취업의 길은 요원하다. 날이 갈수록 취업의 문은 좁아지고 특히 문과생의 경우 취업경쟁은 상상을 불허한다. 학창시절 동안 온갖 스펙을 쌓기 위해서 청춘을 바쳤건만 결과는 비참하다. 주변에서는 중소기업에라도 취업하라고 성화를 대지만 알량한 자존심이 허락하지 않는다.

대책 없이 세월만 보내다가 어느 날 문득 차라리 창업을 해볼까 하는 생각이 머리를 스친다. 아무도 알아주지 않는 중소기업에 들어가서 기가 죽어지내느니 차라리 창업을 해서 청년사업가로 행세하는 것이 낫지 않을까 하는 생각이 든다. 각종 매체에 소개되는 청년사업가들의 성공스토리를 보면서 나라고 그들처럼 되지 말라는 법은 없지 않나 하는 낙관론이 고개를 쳐든다.

둘째, 직장생활에 염증을 느끼는 샐러리맨이다. 고생 끝에 취업을 했건만 회사생활이 만만치 않다. 아직도 군대문화가 남아 있는 회사에서 신입사원으로 적응하기는 쉽지 않다. 일을 시키지 않아서 하루 종일 멍을 때려야 하고 복사나 커피 심부름이나 시킬 때는 내가 이런 걸 하려고 최고학부를 졸업했나 하는 생각에 가슴이 아려온다.

회식자리에선 고기를 제대로 못 자른다고 구박을 주고 먹기 싫은 술을 억지로 먹이고 온갖 욕설이 난무하는 야만적인 회식문화를 견뎌내야 한다. 신입사원 때를 벗는다고 해서 문제가 끝나는 건 아니다. 업무가 익숙해지기 시작하면 실적스트레스에 조그만 실수도 용납하지 않는 회사분위기가 숨을 조여 온다.

업무능력이 아니라 사내정치를 잘 하는 사람이 인정받는 회사분위기도 마음에 걸린다. 위로 올라갈수록 사내정치의 영향력은 배가 된다. 윗사람의 눈에 들기 위해서는 가정을 버리고 오로지 회사를 위해 아니면 윗사람을 위해 헌신해야 한다. 근무시간은 근로계약서에만 존재하고 윗사람이 퇴근하기 전에 자리를 일어서는 건 여간한 배짱 없이는 실행에 옮기기 힘들다.

개인적인 약속이 있는데도 윗사람이 퇴근하지 않았다는 이유만으로 할 일 없이 파일을 뒤적거려야 한다. 이런 생활을 정년퇴직할 때까지 해야 된다고 생각하면 끔찍해진다. 차라리 이쯤에서 독립하는 것이 낫지 않을까. 마음 한 구석에서 창업의 유혹이 꿈틀대기 시작한다.

셋째, 직장에서 물러난 퇴직자의 경우다. 직장이라는 울타리에 갇혀서 일할 때는 그저 시키는 일 잘하고 월급날 꼬박꼬박 월급 받으면 그만인 줄 알았다. 하지만 직장이라는 울타리를 벗어나서 사회에 나왔을 때 마치 허허벌판에 혼자 버려진 아이처럼 막막하기만 하다. 회사라는 조직에 익숙한 사람들에게 이 세상에 혼자서 할 수 있는 것이 아무 것도 없는 것 같다.

아직 부양해야 할 가족들이 남아 있는데 당장 수입이 끊어진다는 것이 제일 문제다. 평생 먹고 살 돈을 쌓아두고 퇴직한 경우도 마찬가지다. 아직도 살아갈 날이 창창한데 과연 무슨 일을 하면서 남은 인생을 소일한단 말인가. 주변을 둘러보니 퇴직금을 투자했다 사기를 당하거나 사업이 여의치 않아서 노후자금으로 모아 두었던 돈을 날려버렸다는 얘기가 심심치 않게 들린다.

그렇다고 이자만으로 생활하기에는 한없이 떨어지기만 하는 이자율이 무섭기만 하다. 하루 종일 배우자 눈치를 보고 삼식이 취급을 당하는 현실이 원망스럽기만 하다. 도대체 무엇을 해서 시간을 보내고 돈을 벌 것인가. 퇴직자의 고민은 깊어만 간다.

# 장사를 할 것인가?
# 사업을 할 것인가?

창업을 생각할 때 가장 먼저 머리에 떠오르는 것이 치킨집이나 커피숍을 운영하는 것이다. 유명 프랜차이즈에 가입함으로써 위험을 최소화할 수 있고 개업을 하자마자 돈을 벌 수 있으니 미래에 대한 걱정을 떨쳐버릴 수 없는 초보창업자로서는 가장 만만한 창업아이템이 아닐 수 없다.

하지만 세상 일이 그렇게 간단한 것은 아니다. 가장 안전하다고 생각하는 창업아이템에 투자했다가 오히려 골머리를 앓는 창업자가 적지 않다. 일단 개업을 하고 나면 프랜차이즈에 가입할 때 들은 설명과는 차이가 큰 현실의 벽에 부딪치게 된다. 인근의 경쟁업체들과의 경쟁도 치열하고 까다로운 손님을 상대하는 것도 쉽지 않으며 아르바이트생을 관리하는 일도 만만치 않다.

요즘 많은 사람들이 관심을 갖는 인터넷쇼핑몰을 운영하는 것도 생각처럼 쉽지 않다. 판매할 아이템을 확보하는 것부터 쉽지 않을뿐더러 조금 된다 싶으면 금방 유사상품이 범람하고 타이밍을 잘못 잡으면 악성재고부담을 떠안아야 한다. 까다로운 구매자를 만나 이런 저런 불만사항을 처리하다보면 느느니 한숨이요 아무나 쇼핑몰을 운영하는 것이 아니라는 때늦은 후회가 밀려온다.

앞서 언급한 치킨집이나 커피숍과 인터넷쇼핑몰의 공통점은 소비자를 직접 상대해야 한다는 것이다. 소비자에게 직접 무언가를 팔다보니 개업을 하자마자 바로 현금을 만질 수 있어서 좋지만 소비자를 직접 상대하는 데서 오는 여러 가지 문제를 감수해야 한다. 이와 같이 소비자를 상대로 직접 물건을 파는 것을 흔히 장사라고 하는데 '소비자는 왕'이라는 사회통념상 소비자를 직접 상대하는 것이 결코 만만하게 볼 일이 아니다.

소비자를 상대로 장사를 할 때 까다로운 소비자를 상대하는 것 못지않게 신경 쓰이는 것이 다른 사람에게 자신을 소개할 때다. 비록 사농공상(士農工商)과 같은 신분차별제도는 없어진지 오래됐지만 아직도 장사를 업으로 하는 사람들에 대한 인식이 그다지 좋지 않은 것은 엄연한 사실이다. 장사를 하는 사람들을 일컬을 때 사기꾼이나 협잡꾼과 같이 안 좋은 뜻으로 사용하는 '꾼'자를 붙여서 장사꾼이라고 부르는 것만 보아도 장사를 하는 사람에 대한 안 좋은 인식이 깔려 있음을 알 수 있다.

자본주의 사회에서 이득을 남기고 물건을 파는 것이 무엇이 나쁘냐고 항변할 수도 있지만 오랜만에 만난 지인이 명함을 요구할 때나 아직 철들지 않은 자식이 '너희 아버지 뭐하시냐?'는 질문에 무슨 장사나 무슨 가게를 한다는 말을 꺼내는 것을 창피해 할 수도 있다는데 생각이

미치면 가슴이 답답해진다.

무역의 좋은 점 중에 하나가 똑같이 물건을 사고파는 것임에도 불구하고 일반 사람들이 볼 때 장사보다는 사업을 한다고 생각한다는 것이다. 장사와 사업의 차이가 애매하지만 대체적으로 소비자를 상대로 직접 물건을 파는 것을 장사라고 하고 기업 간에 물건을 사고파는 것을 사업이라고 생각하는 경향이 있기 때문이다.

내용을 들여다보면 기업 간에 물건을 사고파는 것보다 소비자를 직접 상대하는 것이 자리를 잡기도 수월하고 훨씬 큰 수익을 거두는 경우도 많지만 장사꾼보다는 사업가 소리를 듣고 싶어 하는 창업자들의 입장에서 보면 무역을 통해서 돈을 벌면서 사업가 소리를 듣는다는 것이 여간 매력적으로 보이지 않을 것이다.

물론 이건 어디까지나 무역을 통해서 안정된 수입을 올릴 때 해당되는 얘기다. 무역을 한답시고 허송세월만 하고 변변한 수입을 올리지도 못한다면 순식간에 사업가에서 실업자로 전락할 수도 있다. 이왕이면 장사꾼보다는 사업가라고 불리는 것이 좋지만 허울뿐인 사업가가 아니라 사업가다운 사업가가 되는 것은 결코 쉬운 일이 아니라는 걸 새겨 둘 필요가 있다.

# 무역으로 돈을 벌 수 있는 7가지 방법

무역을 간단하게 정의하면 무언가를 외국에 팔거나(수출) 외국에서 사오는 것(수입)이라고 할 수 있다. 따라서 무역으로 돈을 벌기 위해서는 수출 또는 수입과 관련된 일을 해야 한다. 가장 먼저 생각할 수 있는 것이 자신이 직접 수출을 하거나 수입을 하는 것이지만 직접 수출 또는 수입을 하지 않고서도 무역을 통해서 돈을 벌 수 있는 길이 열려 있다. 무역으로 돈을 벌 수 있는 방법에는 어떤 것들이 있을까?

첫째, 수출을 통해서 돈을 벌 수 있다. 수출품은 자신이 직접 생산할 수도 있고, 타인이 생산한 물품을 구입해서 수출할 수도 있다. 자신이 직접 물건을 생산하려면 기술도 있어야 하고 제조노하우도 있어야 하며 생산시설에 투자할 자금도 있어야 하기 때문에 엄두를 내기가 힘들지만 타인이 생산한 물품을 구입해서 수출하는 것은 누구나 할 수 있다. 또한 유형의 상품뿐만 아니라 소프트웨어, 문화콘텐츠(영화, 게임, 애니메이션, 만화, 캐릭터 등), 각종 서비스 등과 같은 무형의 상품을 수출할 수도 있고, 중계무역방식을 통해서 해외에서 생산된 물품을 수출할 수도 있으므로 수출을 통해서 돈을 벌 수 있는 기회는 널려 있다.

둘째, 수입거래를 통해서 돈을 벌 수 있다. 알리바바와 같은 무역거래알선사이트나 전 세계 각국에서 개최되는 무역박람회를 통해서 다양한 상품을 개발할 수 있으며, 수입에 따르는 제반 절차는 관세사나 포워더를 통해서 처리할 수 있으므로 무역에 대해서 잘 모르는 사람이라도 수입비즈니스에 입문할 수 있다. 수입품은 오픈마켓 등을 통해서 직접 소비자에게 판매할 수도 있고, 유통업체를 통해서 판매할 수도 있으며, 품목에 따라서는 기업체에 납품할 수도 있다. 국내 시장에서 경쟁력이 있는 상품을 확보하고 수입거래를 감당할 만한 자본력과 유통망만 있다면 단시일 내에 큰돈을 벌 수 있는 기회를 잡을 수 있다.

셋째, 오퍼상으로 돈을 벌 수 있다. 오퍼상이란 해외공급업체를 대신해서 국내수요업체 오퍼(offer sheet)를 발행해주는 사람이란 뜻에서 유래한 것으로 해외공급업체의 국내에이전트를 뜻한다. 해외공급업체 중에는 아이템의 특성상 시장정보를 제공하고 공급업체를 대신해서 국내업체를 상대로 수주활동을 펼칠 에이전트가 필요한 업체들이 있다. 이와 같이 국내시장에서 에이전트의 역할이 필요한 해외공급업체와 에이전트 계약을 맺고 국내수요업체로부터 오더를 받아주는 대가로 커미션을 받을 수 있다.

넷째, 바잉에이전트로 돈을 벌 수 있다. 바잉에이전트란 해외바이어의 에이전트로서 국내공급업체를 찾아내서 계약을 성사시키고 계약이 이행되는 과정에서 해외바이어의 대리인으로서 국내공급업체를 상대하는 사람을 뜻한다. 해외바이어 중에서 국내에서 다양한 상품을 수입하는 경우에 자신이 직접 국내공급업체를 상대하는 것보다 현지사정에 밝은 에이전트로 하여금 국내업체를 발굴해서 거래를 진행하는 것이 낫다고 판단하는 업체들이 있다. 이들 업체의 바잉에이전트로서 국내공급업체와의 거래를 도와주고 커미션을 받을 수 있다.

다섯째, 수출에이전트로 돈을 벌 수 있다. 수출에이전트란 국내 제조업체의 에이전트로서 해외시장을 개척해주고 커미션을 받는 사람을 뜻한다. 중소제조업체 중에는 해외영업은 해외시장을 잘 아는 에이전트에게 맡기고 자신은 제품의 개발이나 국내영업에만 전념하고자 하는 기업들이 있다. 이런 업체들을 대신해서 해외시장을 개척해서 오더를 받아주고 수수료를 받을 수 있다.

여섯째, 지역에이전트로 돈을 벌 수 있다. 지역에이전트란 에이전트의 활동범위를 국내에만 국한시키지 않고 동남아시아 또는 아시아 전역으로 확대해서 일하는 것을 뜻한다. 지역에이전트는 해당 지역에 물건을 팔아주는 세일즈에이전트와 해당지역의 공급업체를 상대할 바잉에이전트로 구분할 수 있으며 동시에 두 가지 업무를 병행할 수도 있다. 국내시장만을 대상으로 하는 에이전트의 경우 국내시장상황이 안 좋아지면 활로를 찾기가 힘든데 지역에이전트가 되면 국내시장상황이 안 좋더라도 다른 나라에서 활로를 찾으면 되기 때문에 우리나라시장만을 대상으로 일하는 것보다 좀 더 안정적으로 사업을 운영할 수 있다.

일곱째, 무역대행으로 돈을 벌 수 있다. 무역대행이란 다른 회사를 대신해서 수출입업무를 처리해주는 것을 뜻한다. 여기서 말하는 수출입업무는 주로 은행을 상대 하는 업무를 일컫지만 해외거래처를 개발해서 물건이 인도되기까지의 전 과정을 포함시킬 수도 있다. 은행 업무만을 대행하는 경우는 수출 또는 수입할 업체에서 자체적으로 해외거래처와 계약을 체결한 후 신용장개설이나 선적서류 작성 등과 같은 업무만을 대행업체에 맡기는 경우다. 담보가 부족해서 은행과 직접 거래하기가 어렵거나 무역담당 직원이 없어서 서류를 직접 작성할 만한 여건이 되지 않는 업체에서 활용하는 방법이다. 대행업체에서는 이와 같은 업무를 대행해주는 대가로 대행수수료를 받는다.

이상 소개한 7가지 방법들은 각각 장단점이 있다. 자신이 직접 물건을 수출하거나 수입을 하면 거래상 리스크가 크지만 자신의 의지대로 마진을 챙기고 사업을 확장할 수 있는 반면에 오퍼상, 바잉에이전트, 수출에이전트, 지역에이전트와 같은 무역에이전트의 경우에는 거래상 리스크로부터는 자유롭지만 상대적으로 낮은 수입을 감수해야 한다. 무역대행은 고객만 확보된다면 비교적 안정적으로 사업을 영위할 수 있으나 사업을 확장하는 데는 한계가 있다. 따라서 자신의 여건이나 성향을 감안하여 업종을 선택하되 특정 업종에 대한 확신이 없다면 복수의 업종을 동시에 추진하는 것도 검토해볼 만하다.

# 무역창업의 명(明)과 암(暗)

어떤 업종을 창업하든 좋은 면과 나쁜 면이 있기 마련이다. 무역창업의 명(明)과 암(暗)은 무엇일까? 먼저 무역창업의 좋은 면을 살펴보기로 하자.

첫째, 자금부담 면에서 유리하다. 자신이 직접 제조한 물건을 수출하거나 수입한 물건을 직접 판매하는 경우가 아니라면 자금문제에 대해서 크게 걱정하지 않아도 된다. 제조시설에 투자할 필요도 없고 유통에 따르는 재고부담도 없기 때문이다.

자신이 직접 무역거래를 하지 않고 셀러 또는 바이어의 에이전트로 일하는 무역에이전트의 경우에는 아예 무자본으로도 사업을 운영할 수 있다. 집에서 일할 수도 있고 최소한의 통신비와 활동비 외에는 특별히 발생하는 비용이 없기 때문이다.

둘째, 창업과 폐업이 자유롭다. 무역관련 업종에 대한 규제가 철폐되어서 사업자등록만 하면 누구나 자유롭게 무역관련 업종을 창업할 수 있다. 제조와 유통을 겸하지 않는다면 특별한 준비 없이 집에서라도 사업을 시작할 수 있으며, 폐업을 하는 것도 최소한의 시간과 비용만으로도 가능하다.

창업과 폐업절차가 복잡하고 창업과 폐업에 따르는 투자와 손실이 큰 다른 업종과 달리 무역관련 업종은 일단 시작했다가 잘 안 되면 문을 닫는다고 해도 크게 손해를 볼 일이 없다는 것이 크나큰 장점이 아닐 수 없다.

셋째, 상대적으로 자유로운 활동이 가능하다. 외국인을 상대하는 무역의 경우 내국인을 상대하는 것보다는 시간적으로 여유를 가질 수 있다. 내국인들끼리의 거래라면 즉각적인 답변을 요구하는 경우가 많지만 외국인과의 거래는 주로 이메일을 통해서 연락을 주고받으므로 아주 급한 상황이 아니라면 스스로 시간을 조절해가면서 일할 수 있다.

또한 일하는 장소도 자유롭게 선택할 수 있다. 휴대폰을 통해서도 이메일을 주고받을 수 있고 페이스북이나 카카오톡을 통해서도 외국인과 소통할 수 있으므로 대면상담이 자주 이루어지는 국내거래보다 상대적으로 자유롭게 일하는 장소를 선택할 수 있다.

물론 무역이라고 해서 외국인만을 상대하는 것은 아니고 국내거래처를 상대해야 하는 경우도 많지만 아무래도 외국인과의 거래가 주를 이루는 무역거래의 특성상 국내거래보다는 상대적으로 자유로운 활동이 가능하다.

이밖에도 혈연이나 지연에 얽매이지 않고 세계시장을 상대로 사업을 확장할 수 있고, 언어와 문화적 배경이 다른 외국인을 상대로 오더를 성사시켰을 때의 성취감이 크며, 은퇴 걱정 없이 평생직업 삼아 일할 수 있다는 것이 무역창업의 장점이라고 할 수 있다.

물론 무역창업이 밝은 면만 있는 것은 아니다. 무역창업의 어두운 면을 살펴보면 다음과 같다.

첫째, 자리를 잡기까지 시간이 많이 걸린다. 사업을 시작하자마자 소득이 발생하는 대부분의 업종과는 달리 무역의 경우에는 해외거래처를 개발해서 오더를 성사시키고 계약이 이행돼서 수입을 올리기까지는 많은 시간이 소요된다. 특히 처음 무역을 시작해서 경쟁력 있는 해외공급업체나 구매력이 있는 해외바이어를 개발하는 것은 쉬운 일이 아니다. 아무리 노력해도 끝내 해외거래처를 개발하지 못하고 중도에 포기해야 하는 경우도 많다.

따라서 무역을 하기 위해서는 안정적인 소득이 발생할 때까지 참고 기다릴 줄 아는 인내심과 그때까지 버틸 수 있는 자금을 확보해두어야 한다. 성격이 급해서 즉각적인 결과를 기대하고 당장 먹고 살 돈이 없는 경우라면 무역창업을 재고할 필요가 있다.

둘째, 변수가 많다. 무역이란 서로 다른 국가 간의 거래이므로 상대국의 정치, 경제, 사회적인 변화에 의해 영향을 받을 수 있고 세계시장 동향이나 환율의 변화에 따라서 예기치 않은 손실을 입을 가능성이 상존한다. 또한 문화와 상관습의 차이에서 오는 문제가 발생할 소지도 있으며 무역사기에 휘말릴 수도 있다.

문제는 무역거래가 워낙 다양한 변수에 의해서 영향을 받을 수 있기 때문에 아무리 조심하고 대비를 해도 문제를 완벽하게 예방하기가 힘들다는 것이다. 따라서 자신의 의지와 상관없이 외부적 요인에 의해서 일이 틀어지는 것을 감수할 수 없다면 무역창업에 나서지 않는 것이 좋다.

셋째, 문제해결이 어렵다. 무역거래는 언어와 문화가 다르고 멀리 떨어져 있는 사람 또는 기업 간의 거래이므로 클레임이나 분쟁이 발생했을 때 이를 해결하기가 쉽지 않다. 국내거래의 경우 구매자가 물건이 마음에 들지 않으면 교환을 하거나 반품을 하면 되지만 무역거래의 경우에는 교환이나 반품이 자유롭지 않기 때문에 문제를 해결하기가 쉽지 않다.

상대방이 계약을 이행하지 않거나 사기를 치는 경우에도 국내거래라면 관련법에 의해서 문제를 해결할 수 있지만 법체계가 다른 국가끼리의 거래인 무역거래에서는 이를 해결하기가 쉽지 않다. 따라서 무역을 할 때는 문제가 발생하지 않도록 사전에 예방하는 것이 중요하며 분쟁이 발생할 경우를 대비하여 중요한 계약을 할 때는 상사중재조항 등에 합의해두는 것이 좋다.

# 무역을 하기 위해서 준비해야 할 것들

실제로 무역을 해보지 않은 사람들은 무역은 상당히 어려운 것이라고 지레 겁을 먹기 쉽다. 전문적인 무역이론이나 무역용어에 정통하고 외국어도 능통한 사람만이 무역을 할 수 있을 거라고 생각한다.

하지만 무역지식이나 외국어실력이 출중한 사람만이 무역을 할 수 있는 것은 아니다. 우리가 국내에서 물건을 사고팔 때 상거래와 관련한 이론이나 용어에 정통하지 않더라도 자신이 원하는 물건을 사거나 팔 수 있는 것과 마찬가지다. 우리나라 말을 유창하게 하지 못하는 외국인이라도 조금 불편하기는 하지만 필요한 물건을 사거나 팔 수 있다.

학교에서 배우는 무역실무 책을 들여다보면 수없이 많은 용어와 절차에 대한 설명이 끝도 없이 이어진다. 무역을 처음 접하는 사람들로서는 배워 볼 엄두가 나지 않을 정도다. 하지만 실제로 무역을 해보면 학교에서 배운 용어나 절차 중에 극히 일부분만이 현장에서 사용된다는 것을 알 수 있다. 무역실무 책에서 소개하는 용어나 절차의 양이 방대한 것은 모든 종류의 무역거래에 필요한 용어나 절차를 망라해서 설명하고 있기 때문이다.

무역거래는 품목이나 시장, 거래내용에 따라 다양한 방식으로 진행되기 마련이다. 그러므로 무역에 입문하기 전에 무역거래와 관련한 모든 용어와 절차를 마스터하겠다는 것은 쓸데없는 욕심에 불과하다. 책에서 소개하는 용어나 절차 중에는 자신이 취급하고자 하는 품목이나 거래내용과는 전혀 상관이 없는 내용까지 포함하고 있기 때문이다. 국내거래를 할 때도 공산품만 취급할 사람이 농수산물을 거래할 때 사용하는 용어나 절차를 알 필요가 없고, 현금으로만 거래할 사람이 외상거래에 따르는 복잡한 절차를 알 필요가 없는 것과 마찬가지다.

가장 쉽게 무역에 입문하는 방법은 일반적인 무역거래에 공통적으로 사용되는 기본적인 용어나 절차를 이해한 후에 실제로 무역거래를 하면서 각자에게 필요한 용어나 절차를 보충해나가는 것이다. 실제 무역현장에서 일하는 사람들 중에는 무역에 문외한인 상태에서 무역에 입문한 사람들도 상당수 있다. 그들 중에는 무역을 전공하고 입문한 사람들보다 오히려 무역현장에서 발군의 실력을 발휘하는 사람들도 많다. 그만큼 무역이란 것이 이론적인 배경보다는 실제로 현장에서 일하면서 배우는 현장 감각이 중요하기 때문이다.

무역 일을 할 때 무역실무에 대한 지식 못지않게 중요한 것이 바로 외국어실력이다. 무역이란 것이 결국 외국에 있는 사람이나 회사와 물건을 사고파는 것이니만큼 거래상대방과 의사소통을 할 수 있을 정도의 외국어실력이 없이는 무역거래를 시작하는 것이 불가능하다. 그렇다고 자신의 외국어실력이 형편없다고 낙담할 필요는 없다. 무역거래를 할 때 토플시험에 나오는 것과 같은 어려운 단어나 문장을 사용해야 하는 경우는 거의 없기 때문이다.

우리가 국내에서 물건을 사고팔 때도 물건 값이 얼마냐, 언제 물건을 보내줄 수 있느냐, 결제는 어떻게 할 것이냐 등과 같이 간단한 표현만 사용하는 것과 마찬가지로 일반적인 무역거래에서 사용되는 영어는 중학교에서 배우는 수준의 간단한 표현이 주를 이루게 된다. 물론 중요한 계약에는 어려운 계약용어가 등장하고, 클레임을 해결하기 위해서 좀 더 어려운 표현을 사용해야 할 경우가 있지만, 이와 같은 문제는 전문가의 힘을 빌려 해결할 수 있다.

위에 언급한 특별한 상황을 제외하고 일반적인 거래를 하는 데 필요한 외국어는 어느 정도 정형화되어 있어서 기본적인 표현만 익힌다면 아쉬운 대로 무역거래를 시작할 수 있다. 따라서 외국어에 자신이 없어서 무역거래를 하지 못하겠다는 소극적인 생각보다는 무역거래를 통해서 사업도 확장하고 자신의 외국어실력도 키워보겠다는 적극적인 발상이 필요하다.

외국어 중에서도 우선 영어실력을 기르는 데 주안점을 두고 여력이 되면 중국어나 일본어와 같은 제2외국어를 배우는 것이 바람직하다. 개중에는 자신의 주시장이 중국이나 일본이라는 이유로 영어는 제쳐두고 중국어나 일본어를 배우는 데 열중하는 사람들이 있는데 중국이나 일본과 거래를 할 때도 가급적 영어로 상담을 진행함으로써 상대방의 페이스에 말려들지 않도록 하는 것이 좋다.

영어를 공부할 때는 회화실력 못지않게 작문실력을 기르는 데도 신경을 써야 한다. 정보통신기술이 발달함에 따라 직접 대면해서 상담을 벌이기보다는 이메일을 통해서 상담을 진행하는 경우가 많기 때문이다. 이메일을 작성할 때는 문법에 얽매이기보다는 자신의 의사를 상대방에게 정확하고 신속하게 전달하는 데 중점을 두어야 한다.

무역을 하기 위해서 무역실무지식과 외국어와 더불어 준비해야 할 것이 바로 상대방의 문화와 상관습을 이해하는 것이다. 성공적인 거래관계를 수립하기 위해서는 상대방의 마음을 움직여야 하는데 그러기 위해서는 상대방을 올바르게 이해하고 상대방의 마음을 읽을 줄 알아야 한다. 상대방의 문화와 상관습을 이해하기 위해서는 평소에 다양한 독서를 통해서 글로벌시대에 걸맞은 유연한 사고방식을 키워나가야 한다.

결론적으로 성공적으로 무역에 입문하기 위해서는 기본적인 무역용어와 절차를 익히고 외국어, 특히 영어실력을 기르는 데 주력하는 한편 상대방의 문화와 상관습을 익히는 데도 관심을 기울여야 할 것이다.

# 창업자금의 규모

창업자들이 제일 궁금해 하는 것 중에 하나가 과연 사업을 하기 위해서 어느 정도의 돈이 있어야 하느냐 하는 것이다. 창업에 관심이 있지만 수중에 있는 돈이 충분치 않다는 판단 아래 창업을 포기하는 경우도 많다. 하지만 무역의 경우에는 초기에 대규모 창업자금이 없어도 사업을 시작할 수 있는 길이 열려 있다.

무역관련 업종 중에서도 수입판매의 경우에는 초기자본이 있어야만 창업이 가능하다. 최소한의 수입결제대금과 일정기간 재고를 보유할 만큼의 자금이 없이는 수입판매를 시작할 수가 없다. 하지만 usance L/C나 D/A와 같은 외상거래조건을 활용하면 자기자본이 없어도 수입판매사업을 벌일 수 있다. 다만 이런 방식으로 거래를 하기 위해서는 은행과 별도의 약정을 맺고 해외공급업체로부터 usance L/C나 D/A방식에 대한 동의를 받아야 한다.

수출의 경우에는 비교적 자금부담으로부터 자유롭다. 신용장과 연계

하여 내국신용장방식을 활용하면 자기자본이 없어도 국내물건을 해외에 수출할 수 있는 길이 열려 있다. 또한 수출신용장이나 수출실적을 기준으로 다양한 무역금융의 혜택을 받을 수도 있다.

자신이 직접 무역거래를 하지 않고 셀러 또는 바이어의 에이전트로 일하는 무역에이전트의 경우에는 자기자본이 없어도 얼마든지 사업을 확장할 수 있다. 다만 무역에이전트로서 첫 수입을 올릴 때까지 많은 시간이 소요될 수 있으므로 안정된 수입을 올릴 때까지 버틸 수 있는 자금을 확보해두어야 한다.

이밖에도 업종과 관련 없이 공통적으로 발생하는 사무실 임대료, 통신비, 해외출장비 등의 비용을 충당할 자금의 뒷받침이 있어야 한다. 이 중 사무실 임대료는 각자의 자금능력에 따라 적합한 수준을 정하면 되고, 사무실 임대료가 부담스럽다면 소호사무실을 이용하거나 집에서 일해도 된다.

통신비의 경우에는 가급적 이메일을 사용함으로써 비용을 최소화할 수 있다. 전화로 연락하는 것은 비용문제도 발생하지만 근거를 남기기가 곤란함으로써 긴급한 상황이 아니라면 자제하는 것이 바람직하다. 해외출장비의 경우에는 불필요한 출장을 자제하는 것이 바람직하지만 이왕 출장을 가야하는 상황이라면 지나치게 경비를 절약하려다가 상대방에게 궁색한 모습을 보이지 않도록 주의하는 것이 좋다.

결론적으로 무역관련 업종을 창업할 때 필요한 창업자금의 규모는 구체적으로 어떤 일을 할 것인지와 어디에서 일하고 언제쯤 안정적인 수입이 발생할지와 같은 다양한 변수에 의해서 달라질 수 있다.

어떤 경우든 실제로 얼마만큼의 자금이 필요한지를 미리 정확하게 예측하는 것은 불가능하므로 예상보다 비용이 많이 발생하거나 안정적인 수입이 발생할 때까지 시간이 많이 걸릴 경우를 대비해두는 것이 바람직하다.

# 언제, 얼마를 벌 것인가?

창업에 나서는 사람들이 제일 먼저 생각하는 것이 과연 돈을 벌 수 있느냐 하는 것이다. 창업의 목적이 돈을 벌기 위함이니 당연한 생각이지만 극히 예외적인 경우를 제외하고 창업을 해서 돈을 한 푼도 벌지 못하는 경우는 드물다. 돈을 벌기는 버는데 문제는 언제 얼마를 벌 수 있느냐 하는 것이다.

창업 후 돈을 버는 시기와 벌어들이는 수입의 규모는 천차만별이다. 극히 드문 경우지만 어떤 사람은 창업을 하자마자 돈 방석에 앉을 수도 있고, 어떤 사람은 죽도록 고생만 하고 얼마 안 되는 푼돈만 만지고 끝나는 경우도 있다. 어떻게 해야 큰돈을 벌 것이냐에 대한 해답은 없다. 어떤 사람은 엄청난 노력을 했는데도 끝내 자리를 잡지 못하고 포기하는 경우도 있고 슬슬 하는 것 같았는데 어느 날 갑자기 대박을 터트리는 경우도 있다. 문제는 언제 얼마를 벌지를 미리 예측하기가 힘들다는 것이다.

따라서 미래에 벌어들일 수입을 정확하게 예측하고 안정된 생활을 추구하고자 하는 사람은 가급적 창업을 하지 않는 것이 좋다. 안정추구형의 사람들일수록 창업을 했다가 도중에 포기하는 경우가 많다. 특히 해외거래처와의 거래에서 발생할 수 있는 수많은 변수에 의해서 수입이 좌우되는 무역의 경우에 미래의 수입을 정확히 예측하는 것은 사실상 불가능하기 때문에 성질이 급하고 기다리는 것을 참기 힘들어하는 사람이라면 무역창업을 재고해볼 필요가 있다.

지인 중에 요식업에 종사하다가 무역 쪽으로 사업의 방향을 틀었다가 실패한 사람이 있다. 요식업을 할 때 매일 매일 벌어들이는 수입에 익숙해 있다가 무역을 시작하고 나서 언제 얼마큼의 수입이 생길지를 가늠하기가 힘들어지자 점점 마음이 초조해져서 중도에 포기해버린 경우다.

무역관련 사업은 그 어떤 사업보다 안정적인 수입을 올릴 때까지 시간이 많이 걸리는 편이다. 아이템과 거래처를 확보하고 사업을 시작하는 경우가 아니라면 아이템을 개발하고 국내외 거래처를 개발해서 오더를 성사시킬 때까지 상당한 시간과 시행착오를 감수해야 하기 때문이다. 무역창업에 나서기 전에 곰곰이 생각해볼 문제다.

# 패가망신의 위험

창업을 할 때 본인이나 주변에서 가장 걱정하는 것이 크게 망해서 패가망신하는 것 아니냐 하는 것이다. 사업하다가 전 재산을 들어 먹고 친인척이나 친구들 재산까지 날려버린 경우가 많기 때문이다.

하지만 무역의 경우 말 그대로 쫄딱 망할 확률은 그다지 높지 않다. 여기에는 크게 욕심내지 않는다면 이라는 단서가 붙는다. 즉 단시일 내에 대박을 터트리려고 하거나 재벌그룹을 일으키겠다는 야망을 품지 않는 한 무역을 해서 크게 망하는 경우는 흔치 않다.

물론 무역업을 하다가도 사업이 부진해서 문을 닫아야 할 경우가 비일비재하다. 그렇더라도 다른 업종과 비교했을 때 사업정리에 따르는 후유증이 가장 적은 축에 속하는 것이 무역업이다. 판매를 겸하지 않고 순수하게 무역만 할 경우 제조업처럼 초기설비투자가 필요하지도 않고 재고를 보유하기 위한 자금부담도 걱정할 필요가 없기 때문이다.

무역업을 하다가 크게 망하는 경우는 대부분 무역업으로 돈을 벌어

들여서 사업을 확장했다가 망하는 경우다. 크게 욕심내지 않고 차근차근히 사업을 확장해나간다면 주변 사람들이 걱정하는 것처럼 패가망신하는 일은 없으니 크게 걱정하지 않아도 된다.

무역업을 창업하려 할 때 또 한 가지 걱정되는 것은 무역사기를 당하면 어떻게 하느냐 하는 것이다. 서로 다른 나라에서 사업을 하는 외국인과의 거래다보니 예기치 못한 사기에 휘말리게 되면 해결책이 마땅치 않은 것이 사실이다.

하지만 대부분의 무역사기는 조금만 신경 쓰면 예방이 가능하다. 대부분의 무역사기는 서두르거나 대박을 노리는 사람의 약점을 이용해서 발생한다. 물품대금을 송금하지도 않고 가짜 송금확인서를 보내면서 물건을 빨리 보내라고 하든가 신용장을 개설하지도 않은 상태에서 물건생산을 독촉하는 등의 사기수법은 송금된 돈이 입금된 것을 확인하고 신용장개설이 확인된 후에 물건을 선적함으로써 예방이 가능하다.

첫 거래부터 대형오더를 미끼로 사기행각을 도모하는 사기꾼의 경우는 처음부터 대형오더를 받았다고 좋아할 것이 아니라 내가 상대방이라면 처음부터 그런 대형오더를 할 것인지를 한 번이라도 생각해보면 예방이 가능할 것이다.

물론 아무리 조심을 해도 예기치 못한 무역사기나 클레임에 휩싸일 수도 있다. 하지만 대박욕심을 버리고 차근차근히 거래규모를 늘려나간다면 설사 예상치 못한 무역사기나 클레임에 연루되더라도 패가망신할 정도의 위험은 피해갈 수 있을 것이다.

# 무역회사 멸종론

무역회사의 미래를 회의적으로 바라보는 시각이 많다. 인터넷의 발달로 해외 공급업체나 바이어의 정보를 구하기가 쉽고, 소비자가 직접 해외 판매업자로부터 물건을 구입하는 소위 직구가 늘어나고 있으며, 제조업체나 유통업체에서 직접 수출입거래에 나서는 상황에서 제조나 유통을 겸하지 않는 순수한 무역업체나 무역에이전트의 입지는 날이 갈수록 줄어들 것이라는 의견이다.

하나도 틀린 얘기는 아니다. 대부분의 무역거래가 종합상사나 무역회사를 통해서 이루어지던 때에 비하면 무역회사의 입지가 눈에 띄게 약해진 것은 분명한 사실이다. 종합상사에서 자원개발이나 프로젝트 개발에 나서고 무역회사에서 중계무역에 눈을 돌리는 것도 약화된 무역회사의 입지와 무관하지 않다.

하지만 이 시점에서 무역회사 무용론이나 무역회사 멸종론을 거론하는 것은 지나친 비약이다. 인터넷을 통한 직거래가 활성화된 국내시장에서 여전히 도매상이나 유통업체가 영향력을 발휘하고 있듯이 도매상으로서의 무역회사의 역할은 지속될 것이기 때문이다.

자신이 직접 무역거래를 하지 않고 에이전트의 역할만을 수행하는 무역에이전트의 미래에 대해서는 더욱 회의적으로 보는 시각이 많지만 이 또한 잘못된 생각이다. 인터넷의 발달에도 불구하고 부동산중개업자를 통해서 부동산거래가 이루어지고, 결혼중매업소가 성황을 이루는 것처럼 에이전트로서 확실한 역할을 수행하는 무역에이전트에 대한 수요는 지속될 것이기 때문이다.

정보통신 분야를 비롯한 각종 신기술의 발달로 영향을 받는 것은 무역에 국한된 얘기가 아니다. 원격진료가 활성화되면 의사들이 타격을 받을 것이고 무인자동차가 실용화되면 운전학원이 문을 닫아야 하는 상황이 초래될 수도 있다.

따라서 미래에 전개될 변화를 두려워만 할 것이 아니라 살아남을 방도를 찾는 것이 중요하다. 무역거래의 대상을 눈에 보이지 않는 문화상품이나 소프트웨어 쪽으로 다변화하고 삼국 간의 무역거래를 중개하는 중개무역상으로의 변신을 시도하는 등의 노력이 여기에 해당될 것이다.

# 보따리무역의 실체

무역에 관심이 있는 사람 중에는 무역에 대해서 잘 모른다거나 자금 부족 등을 이유로 보따리무역부터 시작해서 자본과 경험을 축적한 다음에 정식으로 무역업을 하겠다는 생각을 가지고 있는 사람들이 적지 않다. 하지만 보따리무역을 통해서 경험도 쌓고 돈도 번 다음에 본격적으로 무역을 하겠다는 생각은 크게 잘못된 것이다.

많은 사람들이 보따리무역을 무역의 일종으로 알고 있지만 보따리무역과 정식무역은 완전히 다른 절차와 방식으로 이루어진다. 따라서 아무리 오랫동안 보따리무역현장에서 경험을 쌓았다 하더라도 정식무역을 할 때 그런 경험이 전혀 도움이 되지 않는다. 보따리무역과 정식무역의 차이는 다음과 같다.

첫째, 물건을 거래하는 통로가 다르다. 정식무역은 제조업체 또는 수출업체와 수입업체 간에 거래가 이루어지는 데 반해서 보따리무역은 제조업체나 수출업체를 배제하고 개인 차원에서 거래가 이루어진다.

제조업체나 수출업체에서 개인 차원에서 소량의 물건을 구매하는 보따리무역상에게 직접 물건을 팔려고 하지 않기 때문이다. 따라서 보따리무역상은 정식무역거래를 통해서 구입하는 가격보다 훨씬 비싼 가격을 감수하고 물건을 구입할 수밖에 없다.

둘째, 통관절차가 다르다. 정식무역의 경우 정식으로 수출입신고를 하고 관세를 납부하는 등의 절차를 거치지만 보따리무역의 경우 정식통관절차를 거치고 관세를 납부해서는 채산성이 없으므로 면세통관규정을 악용하여 면세범위를 넘는 물건을 면세범위 내에 들어가는 것처럼 가장하는 편법을 동원할 수밖에 없다.

셋째, 거래절차가 다르다. 정식무역의 경우 바이어와 셀러 간에 계약을 체결하고, 송금방식이나 신용장방식으로 대금을 결제하며, 물건을 선적하고 commercial invoice, packing list, bill of lading 등의 선적서류를 주고받는 식으로 거래가 이루어지지만, 보따리무역은 현지에서 물건을 구입해서 직접 휴대하고 물건을 들여오는 식으로 진행된다.

결론적으로 편법을 동원해야만 수익성이 보장되는 보따리무역은 정식절차에 따라 거래가 이루어지는 정식무역과 구분하여 보따리장사라고 부르는 것이 타당하며, 정식무역에 관심이 있는 사람이라면 보따리무역에 대한 관심은 접어두는 것이 좋다.

# 사업과 접대

나는 술을 거의 못한다. '거의'라는 표현을 쓴 이유는 건배를 위해서 맥주 한 잔 정도는 할 수 있다는 뜻이다. 그렇다고 금주주의자는 아니다. 나는 체질적으로 알코올 분해효소가 없는 경우에 해당된다. 그러니까 술을 마시고 싶어도 못 마시는 경우다. 직장생활을 할 때 술을 못 마시는 것 때문에 스트레스를 많이 받았다. 회식자리에서 마시기 싫은 술을 억지로 권하는 상사들 때문에 고역을 치르기도 했다.

술뿐이 아니다. 나는 천성적으로 부끄러움을 잘 타서 남들 앞에서 재미있는 얘기도 못하고 혼자서는 잘 부르는 노래도 여러 사람 앞에만 서면 시선을 어디에 두어야 할지 몰라서 등을 돌리고 노래를 해야 할 정도다. 그뿐이 아니다. 사업을 할 때 필수적으로 해야 한다는 골프조차 치지 못한다. 1년 가까이 골프연습장에서 혹독한 훈련을 하고 필드에 10여 차례나 나갔지만 동반자들에게 피해만 주다가 포기하고 말았다.

이와 같이 유흥과는 담을 쌓은 사람이 사업을 한다고 했을 때 주변사람들의 걱정이 적지 않았다. 직장생활이야 그냥 찍히고 버틴다고 해도 접대가 필수인 사업을 그것도 무역업을 어떻게 하냐는 것이었다. 하지만 그런 걱정에도 불구하고 나는 살아남아서 아직까지 사업을 잘하고 있다. 물론 유흥에 밝았더라면 좀 더 사업을 크게 일으켰을 수도 있었는데 하는 아쉬움이 있지만 이제까지 사업을 하면서 술을 못 마시고 유흥을 즐기지 못해서 거래가 끊어진 경우는 없었다.

술은 마시지 못하지만 진심으로 상대방을 대하니 오히려 사업적으로 도움을 주는 경우도 많았다. 술을 잘 마시고 유흥을 즐겨야 사업에 성공할 수 있다는 것은 술과 유흥을 좋아하는 사람들의 핑계에 불과하다. 대우그룹의 김우중 회장도 사업을 일으킬 당시 술을 입에도 대지 않았다. 시간이 아깝다고 골프를 배우지도 않았다. 그러고도 한때 세계를 호령하던 대기업을 일구어냈다.

외국인을 상대하는 무역업의 특성상 외국인을 접대해야 할 경우에도 마찬가지다. 모든 사람이 술과 유흥을 즐길 거라는 생각은 착각에 불과하다. 요즘은 접대 트렌드도 많이 바뀌어서 술자리보다는 식사나 공연관람 등이 오히려 효과적이라는 분석도 있다. 유흥에 밝아야 사업을 잘할 수 있다는 편견을 떨쳐버릴 필요가 있다.

# 요행은 없다

내가 운영하는 웹사이트(www.yousun.com)의 상담실이라는 메뉴에는 아무런 준비나 경험도 없이 무작정 무역 일을 시작하려고 하는 사람들이 올린 글이 종종 올라온다. 단순히 외국에 아는 사람이 있는데 무역을 통해서 돈을 벌 수 있지 않을까 하는 막연한 생각을 가지고 무역창업의 꿈을 꾸는 것이다.

물론 무역창업을 하기 위해서 반드시 어마어마한 전문지식과 무역현장경험이 필요한 것은 아니다. 드물지만 무역의 무자도 모르고 무역에 입문해서 크게 성공하는 경우도 있긴 하다. 하지만 무역현장이 그렇게 만만한 곳이 아니다. 무역을 전공하고 현장경험을 충분히 쌓은 후에 창업을 해도 쉽게 자리를 잡을 수 없는 곳이 이 바닥이다. 그만큼 경쟁이 치열하기 때문이다.

무역거래라는 것이 워낙 다양한 변수에 의해서 영향을 받으므로 무역창업으로 성공하려면 본인의 노력만으로는 부족하고 운도 따라야 한다. 창업하기 전에 준비도 많이 하고 엄청난 노력을 했음에도 불구하고 끝내 자리를 잡지 못하고 도중에 포기하는 경우도 비일비재하다. 운이 없었다고 해석할 수밖에 없는 경우다.

정확한 통계는 없지만 무역창업자들 중에 성공한 사람보다는 실패한 사람의 숫자가 훨씬 더 많다는 것은 의심할 여지가 없다. 그럼에도 불구하고 본인은 성공하지 않을까 하는 막연한 기대감을 가지고 창업에 나서는 사람들이 적지 않다.

앞서 무역창업으로 성공하려면 본인의 노력과 더불어 운도 따라야 한다고 했는데 문제는 최선의 노력을 하지도 않으면서 요행으로 성공하길 바라는 경우다. 요행만으로 성공하길 기대하는 건 노력만으로 성공하길 기대하는 것보다 훨씬 더 위험한 발상이다. 흔히 전쟁터에 비유되는 무역현장에서 살아남기 위해서는 노력과 운이 함께 해야 한다는 사실을 잊지 말아야 한다.

# 뒤돌아보지 마라

아는 사람의 소개로 무역창업을 했는데 일이 잘 안 풀려서 고민이라는 사람을 만난 적이 있다. 언제 창업을 했냐고 물었더니 이제 시작한 지 3개월 정도 됐다고 했다. 그동안 해외거래처를 개발하려고 무진 애를 썼는데 아직까지 가시적인 결과가 없다는 것이었다. 창업을 결심한 것이 후회가 되고 지금이라도 다시 직장을 구하는 것이 좋지 않을까 하는 생각이 든다고 했다.

창업 초기에 미래에 대한 불안이 밀려오는 것은 극히 자연스러운 것이다. 특히 첫 오더가 성사되기까지 오랜 시간이 걸리는 무역 일을 하다보면 더욱 조바심이 나기 마련이다. 창업 초기에 일이 돌아가는 상황을 보고 아니다 싶으면 일찌감치 포기하고 다른 일을 찾는 것이 나을 수도 있다.

하지만 창업한 지 3개월밖에 안 됐는데 벌써부터 다른 생각을 한다는 건 문제가 있다. 그렇게 단기간 내에 가시적인 결과를 기대했다면 아예 처음부터 무역창업을 하지 말았어야 했다. 아무런 연고가 없이 무역을 시작해서 자리를 잡기까지는 생각보다 오랜 시간이 걸린다. 아이템을 잡고 국내외 거래처를 개발해서 오더를 성사시키기까지의 과정이 간단치가 않기 때문이다.

따라서 일단 무역창업을 했다면 최소한 1년 정도는 다른 생각하지 말고 앞만 보고 달려가는 우직함이 필요하다. 만일 가정형편상 1년 동안 아무런 수입이 없으면 살 수 없는 경우라면 처음부터 무역창업을 하지 않는 것이 좋다. 급하게 서두르다 보면 무역사기에 휘말려서 돈을 벌기는커녕 여러 사람 고생시킬 수도 있는 곳이 이 바닥이다.

제조나 유통을 겸하지 않고 순수하게 무역만 할 경우의 유지비 부담은 크지 않다. 힘들더라도 버티다 보면 기회가 올 수도 있다. 1년을 버텼는데도 앞이 보이지 않는다면 그때 그만 두어도 늦지 않다. 미련을 남기지 말기 위해서라도 최소한 1년 동안은 앞만 보고 달려가 보자.

# 9회 말 투아웃,
# 역전은 가능한가?

자칭 야구광인 나는 '야구는 인생의 축소판'이라든지 '야구는 한 편의 드라마'라는 말을 좋아한다. 뭐니 뭐니 해도 야구의 묘미는 경기 막판에 승부가 뒤집어질 수 있다는 것이다. 자기가 응원하는 팀이 경기 내내 끌려가다가 막판에 큰 거 한방으로 승부를 뒤집었을 때 느끼는 쾌감은 야구팬만이 느낄 수 있는 특권이 아닐 수 없다.

가장 극적인 순간은 9회 말 투아웃에 3점차로 뒤지고 있던 홈팀이 만루 홈런 한 방으로 일거에 승부를 뒤집는 경우다. 역전이 불가능하다고 생각하는 순간 그라운드를 넘어가는 홈런 볼을 바라보는 홈팬들의 심장은 기쁨으로 터져나갈 것만 같다. 그동안 쌓였던 모든 스트레스가 일거에 사라지는 순간이기도 하다.

인생에서도 막판 역전이 가능할까? 취업이 안 돼서, 회사에 적응하지 못해서, 나이 때문에 회사에서 밀려난 사람들이 혼자 힘으로 보란 듯이 일어서서 회사에 남아 있는 사람들이 부러워할 만한 성공을 거둘 수 있을까? 9회 말 투아웃에 역전이 가능하듯이 이 세상 누구라도 막판 역전의 주인공이 될 수 있다.

문제는 그럴 확률이 지극히 낮다는 것이다. 9회 말 투아웃에 역전이 될 확률보다는 그대로 경기가 끝날 확률이 훨씬 더 높다는 것은 주지의 사실이다. 그러므로 설사 역전을 시키지 못한다고 해도 크게 실망할 일은 아니다. 경기는 오늘로 끝나는 것이 아니라 내일도 모레도 계속될 것이기 때문이다.

무역창업은 인생을 역전시킬 수 있는 좋은 방법 중에 하나임에 틀림없다. 기술이나 자본이 없어도 무역을 통해서 돈을 벌 수 있는 기회를 잡을 수가 있다. 물론 쉬운 일이 아니다. 9회 말 투아웃에 경기를 역전시키는 것보다도 훨씬 힘들지도 모른다. 그러니 판단은 각자의 몫이다. 9회 말 투아웃의 역전을 꿈꾸고 경기를 계속할 것인가? 아니면 이쯤에서 경기를 포기하고 다른 길을 알아볼 것인가?

**제2장**

# 무역창업 절차

# 창업절차

무역업과 무역대리업 같은 무역관련 업종을 창업하는 데 별다른 제한이 없다. 2000년 1월 1일부터 무역관련 업종이 모두 자유화되어서 사업자등록만 하면 누구나 자유롭게 무역관련 업종을 창업할 수 있다. 다만 자신이 직접 물건을 수출하거나 수입하는 무역업의 경우 품목에 따라서는 수출 또는 수입이 제한될 수 있다.

따라서 무역업을 하려면 해외거래처와의 본격적인 상담에 나서기 전에 해당 아이템을 수출하거나 수입하는 데 제한사항이 있는지부터 확인해야 한다. 품목별 수출입제한사항은 한국무역협회 웹사이트(www.kita.net)에서 제공하는 품목별 수출입요령에서 확인할 수 있다.

수출입이 제한되는 품목은 국민의 건강이나 위생에 영향을 줄 수 있는 품목, 국민의 안전에 영향을 끼칠 수 있는 품목, 국민의 윤리에 해를 끼칠 수 있는 물품, 국가의 안보에 영향을 끼칠 수 있는 품목, 문화재나 자연보호와 관련된 품목, 국제협약에 의거 수출입이 제한된 품목,

기타 국가에서 품질관리가 필요한 품목 등이다.

이와 같은 사유에 해당되지 않는 일반상품의 경우에는 아무런 제한 없이 자유롭게 수출입거래를 진행할 수 있다. 수출입거래가 제한되는 주요 품목의 수출입절차는 다음과 같다.

## 1. 식품 등 수입

식품 등(식품과 식품 첨가물, 식품용 기구, 용기, 포장류)을 수입해서 판매하려면 식품위생법규정에 따라 식품 등 수입판매업 신고를 해야 한다. 축산물, 축산가공식품은 관할 시(군, 구)청에 신고하고, 이들 제품을 제외한 식품 등은 지방 식품의약품안전청이나 국립검역소에 신고해야 한다. 또한 식품 등의 수입은 일반상품과 달리 수입허용기준에 적합해야 하고, 수입통관 전에 수입신고절차를 거쳐야 한다.

수입신고는 도착예정일 5일 전부터 가능하고 세관에서는 식품의 종류나 용도 등에 따라 서류검사, 관능검사, 정밀검사, 무작위 표본검사 등으로 나누어 검사를 하고 부적합 판정이 내려지면 반송, 폐기, 식용 외 용도로 전환한다. 식품 등의 수입신고 및 검사기관은 다음과 같다.

① 수산물 : 관할 국립수산물품질검사원

② 축산물, 축산가공식품 : 관할 국립수의과학검역원

③ 상기 품목을 제외한 식품 등 : 관할 지방 식품의약품안전청

채소류 등 식물을 수입할 때는 수입신고에 앞서 지방 국립식물검역소에서 식물검역을 받아야 하고, 축산물이나 축산가공식품의 경우에는 외국의 가공공장이 국립수의과학검역원에 등록되어 있어야 수입할 수 있다.

수입하는 식품, 첨가물, 식품용 기구, 용기, 포장류 등으로서 국내에서 재가공, 재포장 등의 과정을 거치지 않고 원래의 포장상태로 유통되는 제품의 경우에는 다음과 같은 사항을 한글로 표시해야 한다.

① 제품명

② 식품의 유형

③ 영업허가번호

④ 업소명

⑤ 제조연월일

⑥ 유통기한

⑦ 내용량

⑧ 성분 또는 원재료명

⑨ 영양성분

## 2. 의약품 등 수입

의약품 등(의약품, 의약외품, 위생용품, 의료용구, 화장품)을 수입하려면 식품의약품안전청장으로부터 의약품 등 수입허가(신고)필증을 받아야 하며, 수입품목에 대해서는 식품의약품안전청에 품목별로 허가를 받거나 신고를 해야 한다.

의약품 등의 수입자 자격을 취득하기 위해서는 수입관리자 허가증(수입관리자의 자격증, 건강진단서를 지방 식품의약품안전청에 제출하여 발급 받음) 및 수입자시설관련서류(건축물 관리대장 창고 임대차 계약서, 실험시설, 기구이용계약서 등)를 제출해야 한다.

의약품 등 수입품목 허가/신고가 필요한 품목은 의약품, 의약외품, 의료용구, 한약재, 방사성 의약품 등이며 원료의약품, 체외진단용 의약품은 면제대상이다. 또한 일반화장품은 면제대상이지만 기능성화장품(피부미백, 주름살 제거, 자외선 차단 화장품 등)은 기능성화장품 심사가 필요하고 한약재는 식품의약품안전청 또는 의약품수출입협회의 검사필증이 필요하다.

품목허가나 신고를 위해서는 다음과 같은 서류가 필요하다.

① 수입자 자격요건 서류
② 수입품목허가신청서
③ 생산국 정부에서 발행한 제조/판매증명서
④ 지방 식품의약품안전청에서 발행한 기준 및 시험방법 검토결과 통지서
⑤ 식품의약품안전청에서 발행한 안전성/유효성 검토결과 통지서

의약품 등을 수입할 때는 한국의약품수출입협회에 표준통관예정보

고를 하고 수입통관을 한 후 첫 수입품목의 경우에는 시도보건환경연구원에 품질검정을 의뢰하고 재수입품목의 경우에는 자가품질검사를 거쳐 품질에 이상이 없음을 확인하고 국내판매를 시작해야 한다.

### 3. 주류 수입

주류를 수입하려면 우선 사업장소재지 관할 세무서로부터 주류수입업면허를 획득하고 지방 식품의약품안전청에 식품 등 수입판매업 신고를 해야 한다. 수입 시 수입항을 관할하는 검역소나 지방 식품의약품안전청에 수입신고(검역)를 거쳐 수입통관을 하며 수입통관된 수입주류는 주류전문도매업자 및 일반주류도매업자와 주류중개업면허를 받은 자 중 수입주류를 판매할 수 있는 자에 한해 공급할 수 있다(문의처 : 국세청 소비세과 02-397-1852).

수입주류에는 다음과 같은 내용을 한글로 표시해야 한다.

① 수입주류의 종류
② 수입업자 명칭 및 전화번호
③ 원산지(국)
④ 알코올 및 용량
⑤ 첨가물의 명칭

## 4. 안전검사대상 공산품

품질경영 및 공산품 안전관리법에 의거 한국완구공업협동조합(02-795-9505), 한국기계전기전자시험연구원(031-455-7654), 한국화학융합시험연구원(02-2164-0011), 한국건설생활환경시험연구원(02-2102-2500), 한국원사직물시험연구원(02-3299-8000), 한국의류시험연구원(02-3668-3000) 등의 안전검사를 받아 수입할 수 있다.

## 5. 안전인증대상 전기용품

전기용품 안전관리법에 의거 한국산업기술시험원(02-880-1114), 한국기계전기전자시험연구원(031-455-7654), 한국화학융합시험연구원(02-2164-0011), 한국전자파연구원(02-2164-0011) 등의 안전인증을 받아 수입할 수 있다.

## 6. 전기통신기자재

전기통신기본법에 의거 국립전파연구원(02-710-6652)의 형식승인을 받아 수입할 수 있다.

## 7. 미국에 대한 식품 수출

미국에 식품을 수출하기 위해서는 우선 시설등록(Facility Registration)

을 하여야 하며 식품의 샘플만 보내는 경우에도 반드시 시설등록번호가 필요하다. 시설등록은 FDA 웹사이트(www.fda.gov)를 통하여 직접 등록하거나, FDA 에이전트 한국지사(chemron FDA Korea, 02-568-7744)나 TUV Korea(02-783-9251) 등을 통해서 대행도 가능하다.

또한 식품의 성분검사를 하여 FDA Label법에 맞게 라벨을 부착하여야 한다. 통조림이나 파우치와 같이 밀봉된 용기에 포장된 모든 열 가공된 저산성 식품(LACF)이나 산성화된 식품(AF)의 경우에는 공장등록(FCE: Food Canning Establishment)과 공정등록(SID: Submission Identifier)을 하여야 한다.

미국에서 식품을 수입통관하기 위해서는 수입자가 미국세관에 반드시 사전신고(Prior Notice of Imported Food Shipments)하여야 한다.

## 8. 중고자동차 수출

중고자동차의 수출에는 별다른 제한이 없다. 따라서 일반상품과 마찬가지로 별도의 허가나 신고를 할 필요 없이 중고자동차를 확보해서 수출하면 된다. 다만 중고자동차를 수출하기 전에 중고자동차의 등록을 말소하고 자동차의 사용 본거지를 관할하는 시·군·구 등록관청으로부터 임시운행허가를 받아 선적지로 이동시켜서 수출하고 수출신고 후 1개월 이내에 수출이행신고를 해야 한다. 등록말소일로부터 6개월 이내에 수출되지 않을 경우에는 재등록을 해야 한다.

## 9. 전략물자

세계평화 및 안전유지를 위해서 수출통제가 필요한 물질, 시설과 장비, 기술 등에 대해서 비세나르체제, 핵무기, 생화학무기 및 미사일통제체제 등에서 수출을 제한하는 품목을 정하여 통제하고 있으며(1종 전략물자), 대량살상무기 및 이의 운반수단인 미사일 개발, 제조, 사용 또는 저장에 전용될 수 있는 모든 품목을 통제하고 있다(Catch-all제도).

전략물자를 수출하기 위해서는 우선 전략물자관리원(www.kosti.or.kr)에 전략물자 해당여부를 판정해 달라고 신청하고 심사결과 전략물자에 해당된다고 판정이 나면 수출허가를 받아야 한다. 전략물자를 수입할 때는 전략물자관리원으로부터 전략물자수입증명서를 발급받아야 한다.

# 사업자등록

사업자등록이란 납세의 의무를 이행하기 위해서 정부(세무관서)의 대장에 등록하는 것으로서 신규로 사업을 시작할 때는 사업개시일로부터 20일 내에 사업자등록신청서를 사업장을 관할하는 세무서장에게 제출하여야 한다. 사업자등록을 신청할 때는 다음 몇 가지 사항을 정해야 한다.

## 1. 개인사업자로 등록할 것인가? 법인사업자로 등록할 것인가?

개인사업자란 대표자 개인이 사업의 주체가 되고 법인사업자란 법인이 사업의 주체가 되는 시스템으로서 어느 쪽이 유리하다고 단정 지을 수는 없으나 일반적으로 소규모사업에는 개인사업자가 유리하고 일정 규모 이상의 사업에는 법인사업자가 유리하다는 것이 정설이다. 사업을 시작할 때 개인사업자와 법인사업자 중 어느 쪽을 선택할지 고민이 된다면 일단 개인사업자로 등록해서 사업을 하다가 사업의 규모가 커지면 법인사업자로 전환하는 것을 고려해볼 만하다. 법인사업자와 개인사업자의 차이를 요약하면 다음과 같다.

| | 개인사업자 | 법인사업자 |
|---|---|---|
| 설립절차 | 세무서에 사업자등록을 한다. | 법원에 설립등기를 하고 세무서에 사업자등록을 한다. |
| 대표자책임 | 사업 상 발생하는 모든 문제, 부채, 손실에 대해서 무한책임을 진다. | 출자한 지분 한도 내에서 유한책임을 진다. |
| 이익분배 | 대표자의 임의로 이익을 처분할 수 있다. | 배당 등의 형태로만 이익배분이 가능하다. |
| 대표자변경 | 신규사업자로 등록해야 한다. | 대표자가 변경되어도 법인은 존속한다. |
| 대표자급여 | 비용으로 인정받지 못한다. | 비용으로 인정받지만 근로소득세 및 지방소득세를 납부해야 한다. |
| 자금조달 | 자금조달이 상대적으로 어렵고 특히 대규모자금조달에 한계가 있다. | 자금조달이 상대적으로 쉬우며 대규모자금조달도 가능하다. |
| 세무신고 | 소득금액이 3억 원 이상일 때만 복식부기 의무가 있다. | 복식부기 의무가 있다. |
| 세율 | 세율 소득에 따라 7단계(6~42%) 누진과세 | 소득에 따라 4단계(10~25%) 누진과세 |

위의 표에서 보듯이 개인사업자와 법인사업자는 설립절차에서부터 다양한 차이가 존재하지만 사업자로서 가장 우선적으로 고려해야 할 것 중에 하나가 바로 세금문제다. 우선 개인사업자와 법인사업자는 각각 종합소득세와 법인세를 납부해야 하는데 소득구간에 따라 다음과 같은 세율이 적용된다.

**법인사업자의 법인세율**

| 과세표준 | 세율 | 누진공제액 |
|---|---|---|
| 2억 원 이하 | 10% | 0 |
| 2억 원 초과 ~ 200억 원 이하 | 20% | 2,000만 원 |
| 200억 원 초과 ~ 3,000억 원 이하 | 22% | 4억 2,000만 원 |
| 3,000억 원 초과 | 25% | 94억 2,000만 원 |

**개인사업자의 소득세율**

| 과세표준 | 세율 | 누진공제액 |
|---|---|---|
| 1,200만 원 이하 | 6% | 0 |
| 1,200만 원 초과 ~ 4,600만 원 이하 | 15% | 108만 원 |
| 4,600만 원 초과 ~ 8,800만 원 이하 | 24% | 522만 원 |
| 8,800만 원 초과 ~ 15,000만 원 이하 | 35% | 1,490만 원 |
| 15,000만 원 초과 ~ 30,000만 원 이하 | 38% | 1,940만 원 |
| 30,000만 원 초과 ~ 50,000만 원 이하 | 40% | 2,540만 원 |
| 50,000만 원 초과 | 42% | 3,540만 원 |

위의 표에서 언급한 내용을 좀 더 자세히 살펴보면 개인사업자의 경우 과세표준이란 사업자가 벌어들인 수입금액(매출액)에서 필요경비를 뺀 사업소득금액에서 각종 소득공제금액(부양가족 등의 인적공제, 연금공제 등)을 뺀 금액을 뜻한다.

예를 들어 사업자가 연간 1억 원을 벌어서 경비를 5,000만 원을 쓰고 소득공제금액이 500만 원이라고 하면 과세표준금액은 1억 원−5,000만 원−500만 원=4,500만 원이 된다. 즉 소득세는 사업자의 수입에 세율을 곱해서 계산하는 것이 아니라 수입금액에서 비용과 소득공제금액을 뺀 나머지 금액에 세율을 곱해서 납부할 세액을 계산한다.

누진공제란 해당구간의 세금에서 그만큼을 빼준다는 뜻으로 예를 들어 과세표준금액이 2,000만 원이라고 하면 해당구간의 세율 15%를 곱한 300만 원에서 누진공제액 108만 원을 뺀 192만 원을 세금으로 납부하라는 뜻이다.

위와 같이 과세표준액에 세율을 곱하고 누진공제액을 뺀 금액을 산출세액이라고 하며 실제로 납부할 세액은 산출세액에서 각종 기장세액공제 등과 같은 세액공제 및 중소기업특별세액감면 등과 같은 세액감면액을 빼고 무기장가산세 등을 더해서 산출한다. 법인사업자의 경우에는 법인세법에 따라서 과세표준액을 산출하고 각종 세액공제 및 세액감면과 가산세를 더해서 납부할 세액을 계산한다.

이상 살펴본 바와 같이 사업자가 실제로 납부해야 할 세액은 상당히 복잡한 과정을 거쳐서 계산되므로 일 년에 얼마를 벌면 얼마를 세금으로 낸다는 식으로 단순화시킬 수 없다. 똑같은 수입을 올렸다고 해도 비용이나 공제금액에 따라 납부해야 할 세액은 큰 차이를 보일 수 있다. 위에 언급한 구간별 세율과 누진공제세액을 감안하면 2,160만 원을 기준으로 과세표준이 2,160만 원 미만인 경우에는 개인사업자가 유리하고 2,160만 원을 초과하는 경우에는 법인사업자가 유리하다고 할 수 있다.

하지만 개인사업자로 할 것인지 법인사업자로 할 것인지를 결정할 때 단순히 세액만 놓고 판단하는 것은 바람직하지 않다. 개인사업자는 소득세뿐만 아니라 준조세(국민연금, 건강보험료)에 해당하는 간접세의 인상요인이 될 수 있으며, 법인사업자보다 상대적으로 기업의 신뢰도가 떨어지고 자금조달 면에서도 불리함을 감수해야 한다. 반대로 법인사업자로 등록하면 회사의 이익을 사업주 마음대로 쓸 수 없다는 문제에 직면하게 된다.

결론적으로 처음부터 대규모 자본을 투자해서 직접 수출하거나 수입판매에 나설 때는 법인사업자로 등록하는 것이 바람직하고, 소규모 무역이나 무역에이전트로 시작할 때는 개인사업자로 등록했다가 추후 사업의 규모가 늘어나면 법인으로 전환하는 것이 바람직하다.

## 2. 사업자등록증 상의 업태와 종목을 무엇으로 할 것인가?

사업자등록을 하기 위해서는 사업자등록증신청서 상에 업태와 종목을 기재해야 한다. 국세청에서 정한 업종분류표에 포함된 무역관련 업종은 다음 표와 같다.

다음 표에 표시된 업태와 업종 중에서 해당되는 것을 선택하여 기재하되, 동시에 여러 가지 일을 하거나 한 가지 일을 하더라도 앞으로 다른 업종으로 사업을 확대할 계획이 있다면 복수의 업태와 종목을 기재할 수 있다. 구체적인 사업계획 없이 막연히 무역과 관련해서 여러 가지 사업을 하려고 하면 업태란에 도매, 서비스 종목란에 무역 오퍼상이라고 기재하는 것이 무난하다. 만약 국내에서 소비자에게 직접 판매

| 코드번호 | 업태 | 종목명 | 적용범위 및 기준 |
|---|---|---|---|
| 519111 | 도매 | 수출업(무역) | 직수출 : 종합상품을 구매하여 직접수출<br>대행(위탁)수출 : 종합상품을 구매하여 수출업자를 통해 대행(위탁)수출 |
| 519112 | 도매 | 무역업(산업용) | 자기가 직접 또는 알선, 중개, 대리, 위수탁 등의 방법으로 수입한 산업용재화를 도소매하는 업 |
| 519113 | 도매 | 무역업(기타) | 자기가 직접 또는 알선, 중개, 대리, 위수탁 등의 방법으로 수입한 기타의 물품(산업용재화 해당품목 이외의 물품)을 도소매하는 업 |
| 511116 | 서비스 | 수출주선 | 수출주선 |
| 749927 | 서비스 | 오퍼상 | 물품매도확약서 발행업* |

* 물품매도확약서 발행업이란 외국수출업체를 대신해서 물품매도확약서(offer sheet)를 발행해 준다는 뜻으로 외국수출업체의 에이전트를 일컬음.

까지 하려면 업태란에 도소매라고 기재하면 된다.

## 3. 사업자의 주소를 어디로 할 것인가?

원칙적으로 사업장을 임차한 개인사업자의 경우 사업자등록증을 신청할 때 사업장임차계약서를 첨부해야 한다. 따라서 사업자등록증 상의 사업자 주소는 사무실을 임차해서 쓰는 경우에는 임차한 사무실 주소를 기재하고 자택에서 일할 때는 자택 주소를 기재하면 된다.

간혹 세무서 담당자 중에는 업태가 도매인 경우 자택을 사무실 주소로 사용하는 것에 대해서 이의를 제기하는 경우가 있으나 이는 담당자가 무역에 대한 이해가 부족해서 벌어지는 해프닝이며 무역을 하기 위해서 반드시 임차사무실을 사용해야 한다는 규정은 어디에도 없다. 따라서 세무서 담당자가 자택을 사무실 주소로 사용하는 것에 이의를 제기하면 무역은 도매라 할지라도 서류상으로만 작업을 하면 되고 물건의 보관이나 운송은 외부업체를 이용할 수 있으므로 얼마든지 자택에서 사업을 할 수 있다는 식으로 설명하면 된다.

위에 언급한 사항들이 정해지면 세무서를 방문하거나 또는 국세청에서 운영하는 홈택스(www.hometax.go.kr)를 통해서 인터넷으로 신청할 수 있다. 개인사업자가 세무서를 방문해서 사업자등록증을 신청할 때 준비물은 다음과 같다.

① 사업자등록신청서(세무서에 비치)
② 사업장을 임차한 경우에는 임대차계약서 사본
③ 대표자 신분증

이밖에도 법령에 의거 허가/등록/신고를 받아야 하는 사업에는 사업허가증사본/사업등록증 사본 또는 신고필증사본을 제출해야 하지만 무역관련 업종은 2000년 1월 1일자로 완전자유화 되어서 이런 서류를 준비할 필요가 없다.

법인사업자로 등록하려면 우선 법인을 설립해야 한다. 법인을 설립하기 위한 준비물은 다음과 같다.

① 구성임원 사내이사, 지분 없는 감사 등 각자의 개인인감증명서, 인감도장 및 법인인감 도장(법인인감도장을 준비하기 전에 대법원사이트에 접속하여 유사상호가 있는지를 확인한 후 상호를 확정해야 함)

② 거래은행 개설 계좌번호

③ 사무실을 임차할 경우 사무실 임대차계약서 사본

④ 은행잔고증명서 또는 자본금납입증명서

이상과 같은 준비물이 준비되면 법인설립절차에 따라 관할등기소에 법인설립등기를 하고 관할 세무서에 사업자등록을 하면 된다. 자본금 10억 미만의 소기업으로 법인을 설립할 경우에는 중소기업청에서 운영하는 재택창업시스템(www.statbiz.go.kr)을 이용하면 저렴한 비용으로 간편하고 신속하게 법인을 설립할 수 있다.

본 시스템으로 법인설립 시 최소구성원은 2명이 필요하다(지분 없는 감사 1명, 발기인대표자 1명). 지분 없는 감사는 겸직이 안 되는 공무원이나 선생님, 금융직 종사자, 미성년자, 외국인은 불가하며 가족구성원은 가능하다. 본 시스템을 이용하기 위해서는 사전에 개인공인인증서(대표자, 구성원), 법인인감인영, 사업장 임대차계약서(사업장을 임차한 경우), 스캐너 등을 준비해야 한다.

# 세금

사업자가 납부해야 하는 세금은 크게 부가가치세와 법인세(법인사업자) 또는 소득세(개인사업자)로 나누어지며 각각의 특징 및 납부절차는 다음과 같다.

## 1. 부가가치세

부가가치세(VAT)란 상품이나 서비스 등의 거래에서 발생하는 부가가치에 대해서 부과되는 세금을 뜻하며 우리나라에서는 물품 또는 서비스 가격에 10%의 부가세가 부과된다. 사업자는 물품 또는 서비스를 판매할 때 판매가 외에 물품 또는 서비스 금액의 10%에 해당하는 부가세를 구매자로부터 지급받아서 국세청에 납부해야 한다. 이때 해당 사업자가 물품이나 서비스를 구매할 때 지급한 부가세가 있으면 이를 차감하고 납부하면 된다. 부가세 신고 및 납부는 사업자의 유형에 따라 다음과 같은 일정에 따라 이루어진다.

**〈법인사업자〉**

1기(1월~3월) 예정신고 4월 25일
1기(4월~6월) 확정신고 7월 25일
2기(7월~9월) 예정신고 10월 25일
2기(10월~12월) 확정신고 1월 25일

법인사업자는 매 분기별로 부가세를 신고하고 납부하며 예정신고 시 환급이 발생할 경우 시설투자나 영세율로 인한 환급발생인 경우에는 신고 다음 달 환급을 받을 수 있으나 단순히 매입초과로 인한 환급발생인 경우에는 확정신고 시 예정신고분 미환급세액으로 공제 후 납부 또는 환급을 받을 수 있다.

**〈개인사업자(일반과세자)〉**

1기(1월~6월) 확정신고 7월 25일
2기(7월~12월) 확정신고 1월 25일

개인사업자(일반과세자)는 일 년에 두 번 부가세 신고를 하고 이를 근거로 중간에 두 번의 예정고지가 발부되어 실제로는 매 분기별(4월, 7월, 10월, 1월)로 부가세를 납부하게 된다. 예정고지 시 납부한 부가세는 확정신고 시 공제된다.

## 〈개인사업자(간이사업자)〉

개인사업자(간이과세자)는 일 년에 한 번 1월 25일까지 부가세를 신고하고 납부하면 된다.

**〈간이사업자〉**

연간매출액이 4,800만 원 미만일 때는 간이사업자로 신고할 수 있으나 도매업이나 전문직종의 경우 매출액과 상관없이 일반과세자로 신고해야 한다. 일반과세자는 공급가액의 10%에 해당하는 부가세율을 적용받는 데 반해 간이과세자는 업종별로 0.5~3%의 부가세율을 적용받는 특혜를 누리지만 일반과세자는 매입세액을 전액 공제받을 수 있는 데 반해 간이과세자는 5~30%만 공제받을 수 있다. 또한 일반과세자는 세금계산서를 발급할 수 있으나 간이사업자는 세금계산서를 발급할 수 없어서 기업체를 상대하는 사업자에게는 적합지 않으며 주로 영세 소매업자들에게 해당된다고 할 수 있다. 결론적으로 무역관련 업종의 경우에는 매출액과 상관없이 일반과세자로 신고해야 한다.

**〈영세율제도〉**

국내에서 소비되는 모든 재화나 용역에는 부가세가 부과되지만 외국업체에 물건을 수출하거나 국내에서 수출업자에게 수출품을 공급하는 경우에는 0%의 부가세율을 적용하는 것을 영세율제도라고 하며 수출에 대한 지원책의 일종이라고 할 수 있다. 수출과는 달리 수입물품에 대해서는 관세 외에 10%의 부가세가 부과되며, 무역에이전트로서 국내사업자에게 수수료를 받을 경우에도 10%의 부가세가 부과된다.

## 2. 법인세

법인세란 법인의 사업소득에 대해서 부과하는 세금으로서 사업연도 종료일부터 3월 내 '법인세 과세표준 및 세액신고서'에 기업회계기준에 의하여 작성된 재무제표(대차대조표, 손익계산서, 이익잉여금처분계산서)와 세법에 의해 추가로 손금 또는 익금이 허용되는 사항을 반영한 세무조정계산서와 부속서류를 첨부하여 관할 세무서에 신고해야 한다.

법인세는 사업연도별로 해당 기간에 벌어들인 수입에서 비용을 뺀 수익을 기준으로 세무조정을 거쳐 과세표준을 산출하고 과세표준에 법인세율을 곱하여 산출한다. 우리나라의 법인세율 체계는 과세표준 2억 원 이하 10%, 2억~200억 원 이하 20%, 200억 원 초과 22% 등으로 나뉘어 있다.

## 3. 소득세

소득세란 개인이 1년간 벌어들인 소득에 대해서 부과하는 세금으로서 해당 연도에 발생하는 이자소득 · 배당소득 · 부동산임대소득 · 사업소득 · 근로소득 · 연금소득과 기타소득을 합산하여 과세한다. 일정 기간에 발생하는 소득을 그 종류에 관계없이 합산하여 종합과세 하는 것을 기본원칙으로 하되, 양도소득 및 퇴직소득에 대한 과세표준은 각각 구분하여 계산한다. 또 비과세소득의 소득금액, 일용근로자의 급여액, 원천징수하는 이자소득 · 배당소득과 직장공제회 초과반환금 등은 분리 과세한다.

과세 대상은 1월 1일부터 12월 31일까지 1년분의 소득금액으로 하며 소득금액이 있는 거주자는 소득과세표준을 해당 연도의 다음 연도 5월 1일부터 5월 31일까지 납세지 관할 세무서장에게 신고하고 납부하여야 한다.

계산 구조는 종합소득·퇴직소득·양도소득을 구분하여 계산하고, 소득공제를 한 과세표준에 기본세율을 적용하여 소득산출세액을 계산한다. 여기에 다시 세액공제를 하여 소득결정세액을 계산한 뒤, 감면세액을 공제하고 가산세를 가산하여 부과세액을 계산한다.

사업소득의 경우 복식부기에 의한 장부기장을 근거로 세금을 납부하는 것이 원칙이나 연간수입액이 3억 원 미만인 경우에는 국세청에서 개발한 간편장부를 근거로 세금을 납부할 수 있다.

간편장부란 국세청이 회계 장부를 근거로 과세하기 위해 개인 사업자가 수입·지출 내용을 쉽게 작성할 수 있게 한 것으로 국세청에서 특별히 고안한 장부를 말한다. 매입·매출 등 최소한 8종의 장부가 필요한 복식부기와 달리 단일장부에 수입·지출을 시간발생순으로 기록하는 약식 장부로서 회계 지식이 없는 사람도 누구나 쉽고 간편하게 작성할 수 있다.

소득세법상 개인사업자는 간편장부나 복식부기에 의한 장부작성 방식으로 소득세를 신고할 의무가 있으나 장부작성을 하지 않은 경우에는 단순경비율(연간 수입금액이 6천만 원 미만인 경우)이나 기준경비율(연간 수입금액이 6천만 원 이상인 경우)과 같은 경비율에 의한 추계방식으로 소득세를 신고할 수 있다.

다만 장부를 기장하지 않고 추계방식으로 소득세를 납부할 때는 세액의 20%에 해당하는 무기장가산세를 부담해야 한다. 반면에 간편장부대상자가 복식부기로 장부를 기장하면 기장세액공제 20%를 받을 수 있다. 추계방식에 의한 소득금액 계산방식은 다음과 같다.

① 단순경비율에 의한 소득금액 계산방식

소득금액 = 수입금액 − (수입금액 × 단순경비율)

② 기준경비율에 의한 소득금액 계산방식

소득금액 = 수입금액 − 주요경비(매입비용 + 임차료 + 인건비)

− (수입금액 × 기준경비율*)

* 복식부기의무자는 기준경비율의 1/2을 곱하여 계산

업종별 기준경비율 및 단순경비율은 다음과 같다.

| 코드번호 | 종목명 | 단순경비율 | 기준경비율 |
|---|---|---|---|
| 519111 | 수출업(무역) | 94.0 | 9.2 |
| 519112 | 무역업(산업용) | 88.4 | 8.1 |
| 519113 | 무역업(기타) | 85.2 | 9.7 |
| 511116 | 수출주선 | 69.7 | 22.3 |
| 749927 | 오퍼상 | 67.8 | 19.9 |

* 업종별 기준경비율 및 단순경비율은 매년 3월에 국세청에서 고시

예를 들어 수출업으로 일 년에 1,000원을 벌었다고 하면 단순경비율에 의하면 940원을 비용으로 썼다고 간주하여 차액인 60원을 소득으로 보고 과세하는 것이고, 기준경비율에 의하면 1,000원에서 실제로 지급한 주요경비(매입비용, 임차료, 인건비) 외에 추가로 95원을 경비로 사용했다고 간주하고 소득금액을 계산해서 과세하는 것이다. 즉 단순경비율이란 해당 업종을 영위하는 데 발생하는 모든 경비가 수입금액의 몇 퍼센트라고 정해 놓은 것이고 기준경비율이란 매입비용, 임차료, 인건비와 같은 주요경비 외에 비용이 수입금액의 몇 퍼센트라고 정해놓은 것이다.

기준경비율 적용 시 사업의 주요경비는 세금계산서, 계산서, 신용카드매출전표, 현금영수증 등 세금증빙서류를 수취하여야 필요경비로 인정받을 수 있다. 기준경비율에 의해 소득세를 신고하는 사업자가 주요경비에 대한 증빙서류를 제대로 수취하지 못해서 단순경비율에 의해 계산한 소득금액에 일정비율(간편장부대상자 2.4배, 복식부기의무자 3.0배)을 곱하여 계산한 금액 이상인 경우에는 그 배수를 곱하여 계산한 금액으로 할 수 있다. 예를 들어 간편장부대상자가 기준경비율로 계산한 소득금액이 2,500원이고 단순경비율로 계산한 소득금액이 1,000원이라면 2,400원을 소득금액으로 신고할 수 있다.

일반적으로 수출업이나 수입업과 같이 매입비용이 발생하는 경우에는 복식부기에 의한 장부작성이나 간편장부를 작성해서 소득세를 신고하는 것이 바람직하지만 수출주선이나 오퍼상의 경우에는 매입비용이 발생하지 않기 때문에 장부를 작성하는 것보다 추계로 소득금액을 계산하여 신고하는 것이 오히려 유리한 경우가 많다.

예를 들어 자택에서 근무하는 수출주선업자나 오퍼상으로서 비용이 거의 발생하지 않지만 추계로 소득금액을 신고하게 되면 수입금액에 기준경비율이나 단순경비율을 곱한 금액을 비용으로 인정받을 수 있기 때문에 무기장가산세를 물더라도 장부기장에 의해서 소득금액을 신고하는 것보다 세금을 절감할 수 있다.

장부기장에 의해서 소득세를 계산하는 것과 추계로 소득금액을 계산하는 것 중에 어느 것이 유리할지가 애매하다면 일단 장부기장을 해서 소득금액을 계산한 후 추계로 계산한 소득금액과 비교해서 유리한 쪽으로 신고하면 된다.

세무신고는 국세청에서 운영하는 홈택스(www.hometax.go.kr)를 통해서 손쉽게 할 수 있으나 복식부기의무자에 해당할 경우에는 회계사나 세무사에게 장부기장을 맡기고 세무대리인으로 지정하여 세무업무를 위임하는 것이 편리하다.

각종 세율을 포함한 세무관련 규정은 수시로 개정되므로 국세청 웹사이트(www.nts.go.kr)에서 최신규정을 확인할 필요가 있다.

제3장

# 창업을 위한 무역실무

# 무역업무의 흐름

무역실무의 구체적인 내용을 배우기 전에 우선 무역업무의 전체적인 흐름을 이해할 필요가 있다. 무역거래란 대상이 외국에 있다 뿐이지 기본적인 업무의 흐름은 국내에서 물건을 사고파는 국내거래와 다를 바가 없다. 즉 물건을 사고팔기 위해서는 어떤 물건을 누구에게 팔 것이냐 또는 누구로부터 어떤 물건을 살 것인가를 정하고, 상대방과 가격을 비롯한 여러 가지 조건들을 협의해서 합의한 다음, 합의된 물건을 보내고 받음으로써 거래가 종결되는 것이다.

여기까지는 국내거래와 무역거래가 차이가 없으나 무역거래를 하기 위해서는 물건을 보내고 받는 것으로 끝나는 것이 아니라 보험을 들고 통관절차를 거쳐야 한다. 우선 무역거래를 하기 위해서 반드시 들어야 하는 보험이 바로 적하보험이다. 적하보험이란 물건이 이동되는 중에 분실되거나 파손됐을 때 입은 손해를 보상해주는 보험으로서 계약조건에 따라 구간별로 누가 보험을 들어야 할지가 정해진다.

국내거래와 무역거래의 가장 큰 차이 중의 하나가 바로 무역거래를 하기 위해서는 통관절차를 거쳐야 한다는 것이다. 통관이란 물건이 국경을 넘어 이동할 때 거쳐야 하는 절차로서 같은 나라 안에서 물건을 사고파는 국내거래에서는 통관절차를 거칠 필요가 없으나 외국으로 물건을 내보내거나 외국에서 물건을 들여오기 위해서는 반드시 통관절차를 거쳐야 한다.

이상에서 살펴 본 내용을 정리하면 무역업무의 흐름은 크게 ① 아이템과 거래처의 개발 ② 상담 및 계약 ③ 운송, 보험, 통관의 3단계로 구분할 수 있으며 무역실무라는 것은 결국 ① 어떻게 아이템과 거래처를 개발하고, ② 어떠한 조건들을 협의하고 합의하며, ③ 계약이 체결된 후에 어떻게 물건을 운송하고 보험을 들며 통관을 하느냐 하는 것을 배우는 것이라고 정의할 수 있다.

여기서 중요한 것은 실제로 무역회사에서 처리해야 하는 일은 계약을 체결하는 것까지고 일단 계약이 체결된 후에 계약된 물건을 운송하고 보험처리를 하며 통관을 하는 업무는 외부업체에서 대신 처리해 준다는 것이다. 즉 운송업무는 포워더(forwarder), 보험업무는 보험회사, 통관업무는 관세사에서 대신 처리해주기 때문에 무역회사의 입장에서는 이와 관련된 구체적인 내용을 몰라도 물건을 수출하거나 수입하는데 큰 문제가 없다.

결국 무역을 하기 위해서는 어떻게 아이템과 거래처를 개발하고, 상대방과 어떠한 조건들을 협의해서 합의하느냐가 중요하다.

# 아이템은 어떻게 정할 것인가?

업종을 불문하고 사업의 성패를 가를 가장 중요한 요소 중에 하나가 바로 아이템이다. 불리한 여건 속에서도 아이템을 잘 골라서 성공하는 경우도 있고 다른 모든 조건이 충족됐음에도 불구하고 아이템을 잘못 골라서 고생하는 경우도 많다. 무역관련 비즈니스를 할 때는 어떤 아이템을 가지고 시작하는 것이 유리할까?

여기에는 정답이 없다. 똑같은 아이템을 가지고 시작했는데도 어떤 사람은 수월하게 사업을 일으키는데 어떤 사람은 계속 헤매는 경우도 있다. 따라서 아이템을 선택할 때는 가급적 다양한 아이템을 검토해서 신중하게 결정하는 것이 바람직하다. 자신이 직접 물건을 제조해서 수출하는 경우가 아니라면 아이템에 대한 전문지식이 없어도 무방하다.

무역관련 비즈니스를 할 때는 구체적으로 어떤 업종을 하느냐에 따라 아이템을 선택하는 기준이 달라질 수 있다. 자신이 직접 수출하거나 수입하는 경우라면 자신의 경제적인 능력이나 리스크 관리능력을 우선적으로 고려해서 아이템을 선택해야 하고 무역에이전트로 일하고자 한다면 에이전트의 역할이 필요한지를 우선적으로 고려해서 아이템을 선택해야 한다.

업종별로 아이템을 선택할 때 고려해야 할 요소와 추천종목 등에 대해서는 다음 장(업종별 창업실무)에서 자세하게 다루기로 한다.

# 해외거래처를 어떻게 개발할 것인가?

무역비즈니스를 할 때 아이템 못지않게 중요한 것이 해외거래처를 어떻게 개발하느냐 하는 것이다. 무역으로 돈을 벌기 위해서는 해외거래처와의 거래를 성사시켜야 하는데 그러기 위해서는 우선 경쟁력이 있는 해외공급업체나 구매력이 있는 해외바이어를 확보해야 한다. 해외거래처는 다음에 소개하는 다양한 방법을 동원해서 개발할 수 있다.

## 1. 연고를 통해서 해외거래처를 개발하는 방법

국내에서 사업을 할 때와 마찬가지로 해외거래처를 개발할 때도 가장 강력한 무기는 바로 연고를 활용하는 것이다. 특히 서로 다른 국가 간에 물건을 사고파는 무역거래에 있어서는 서로 상대방을 믿기가 힘들기 때문에 첫 거래를 트기가 쉽지 않은데 연고를 활용하면 이런 문제도 쉽게 해결할 수 있다. 누군가 아는 사람을 통해서 소개를 받을 경우 생판 모르는 사람과 거래를 트는 것보다는 좀 더 안심하고 거래를 시작할 수 있기 때문이다.

따라서 해외거래처를 개발할 때도 우선적으로 자신의 연고 중에서 해외거래처와 관계를 맺고 있는 사람이 없는지부터 확인해보는 것이 중요하다. 자신의 친인척은 물론 학교 선후배에서부터 사회에서 알고 지내는 지인들까지 자신의 인맥을 총동원해서 그들과 관계를 맺고 있는 해외인맥 중에서 무역거래를 하고 있는 사람이 있는지를 확인해볼 필요가 있다.

이제 막 사업을 시작한 창업자가 있었다. 제품의 아이디어만 구상했을 뿐 아직 생산시설조차 준비하지 못한 상태였다. 처음부터 국내시장과 해외시장을 동시에 공략하기로 하고 어떻게 해외시장을 개척할 것인가를 고민하던 중에 대박이 터졌다. 단지 제품에 대한 아이디어만 준비한 상태에서 500만 달러가 넘는 대형오더를 수주한 것이다.

비결은 간단했다. 사업을 시작하자마자 주변사람들에게 이런 아이템을 수출하려고 한다는 얘기를 늘어놓았는데 아는 사람의 아는 사람이 마침 세계적인 대형 유통업체의 구매담당자였고 해당 업체에서 대형오더를 발주한 것이었다. 인맥이 없이는 결코 기대할 수 없는 대형오더였다.

물론 이와 같은 사례는 지극히 예외적인 상황이며 대부분의 사람들은 해외에 인맥을 통해서 거래처를 개발하기가 쉽지 않는 것이 현실이다. 아무리 주변을 둘러보아도 해외에 인맥을 찾을 수 없는 경우가 대부분이다. 인맥이 없는 경우라면 인맥을 만들어야 한다. 해외인맥은 어떻게 만들 것인가.

해외의 비즈니스인맥을 가장 쉽게 만들 수 있는 방법은 링크드인(www.linkedin.com)을 활용하는 것이다. 비즈니스 소셜네트워크인 링크드인을 통해서 전 세계에서 다양한 비즈니스에 종사하는 사람들과 인맥을 쌓을 수 있다. 링크드인을 통해서 내가 일일이 찾아 헤매지 않아도 내가 가지고 있는 인맥의 해외인맥과 연결이 됨으로써 좀 더 쉽게 해외인맥을 형성할 수 있는 길이 열려 있다.

## 2. 인터넷을 통해서 해외거래처를 개발하는 방법

해외거래처를 개발할 수 있는 가장 손쉬운 방법은 인터넷을 활용하는 것이다. 수출을 하려면 인터넷상에 웹사이트를 개설해서 기업 및 제품에 대한 다양한 정보를 제공함으로써 해외바이어들이 찾아오도록 하고 수입을 하려면 인터넷 검색을 통해서 해외공급업체의 웹사이트를 방문해서 해당 기업 및 취급상품에 대한 정보를 확인하고 접촉할 수 있다.

하지만 실제로 이런 방식으로 해외거래처를 개발하는 것은 쉽지 않다. 인터넷상에 너무 많은 웹사이트가 존재하기 때문에 수출자가 아무리 웹사이트를 잘 만들어 놓아도 바이어가 찾아온다는 보장이 없으며 인터넷으로 검색을 하면 워낙 많은 결과물이 나오기 때문에 인터넷 검색을 통해서 해외공급업체를 찾는 것도 쉬운 일이 아니다.

이런 문제점을 해결해주는 것이 바로 무역거래알선사이트다. 무역거래알선사이트란 전 세계의 바이어와 셀러를 연결해주는 사이트로서 셀러가 자신이 수출하고자 하는 수출품과 관련된 정보를 사이트에 올려놓으면 바이어가 해당 수출희망게시물을 살펴보고 마음에 드는 제품을 공급하는 업체에게 연락을 하는 방식으로 운영되고 있다.

전 세계적으로 수많은 무역거래알선사이트가 있으나 그중 상당수는 이용률이 저조하고 업데이트도 잘 되지 않으며 사이트 운영도 부실한 경우가 많다. 현재 가장 활발하게 운영되고 있는 무역거래알선사이트는 다음과 같다.

| 사이트 명 | 사이트 주소 | 비고 |
|---|---|---|
| Alibaba | www.alibaba.com | 중국에서 운영하는 사이트로서 세계 1위의 거래알선사이트이며 중국유저의 비중이 50%가 넘음. |
| EC21 | www.ec21.com | 한국에서 운영하는 사이트로서 Global Buyer DB에서 품목별 바이어정보를 검색할 수 있음. |
| ECPlaza | www.ecplaza.net | 한국에서 운영하는 사이트로서 특화된 서비스를 제공하는 premium membership제도를 운영함. |
| TPage | www.tpage.com | 한국에서 운영하는 사이트로서 영어, 중국어, 일본어 등 다양한 언어로 운영함. |
| Tradekey | www.tradekey.com | 파키스탄에서 운영하는 사이트로서 파키스탄 및 중국, 중동지역 유저의 비중이 높음. |
| Globalsources | www.globalsources.com | 중국에서 운영하는 사이트로서 중국, 미국, 인도 유저가 다수를 차지함. |

앞서 소개한 무역거래알선사이트들은 이용하기도 편리하고 전 세계

적으로 수많은 바이어와 셀러가 방문하므로 해외거래처를 개발하는 데 유용한 도구로 활용할 수 있다. 하지만 인터넷의 특성상 사기를 당할 수도 있고 세계적으로 유명한 공급업체나 바이어들의 경우에는 굳이 이런 사이트를 방문하지 않더라도 거래관계를 맺고자 하는 업체들이 줄 서 있기 때문에 이런 사이트를 통해서 세계적으로 유명한 거래처를 만날 가능성은 높지 않다.

따라서 전적으로 인터넷무역거래알선사이트에만 의존해서 해외거래처를 개발하기보다는 다음에 소개하는 디렉토리, 무역관련기관, 전시회 등 다양한 방법을 동원하여 좀 더 다양한 기회를 찾아보는 것이 바람직하다.

## 3. 무역디렉토리를 활용하는 방법

무역디렉토리란 전 세계 각국의 기업 정보를 정리해서 책자 또는 인터넷을 통해서 제공하는 것으로서 국가별, 아이템별, 거래유형별로 다양한 디렉토리가 있다.

무역거래알선사이트가 당사자들이 직접 게시물을 올리는 데 반해서 무역디렉토리는 디렉토리를 출간하는 업체에서 전 세계 각국의 제조업체, 셀러, 바이어들에 관한 정보를 수집해서 책으로 편집함으로써 상대적으로 정보의 신뢰도가 높고 무역거래알선사이트에서는 접할 수 없는 유명업체에 관한 정보를 얻을 수 있다는 장점이 있다.

반면에 무역디렉토리에는 단순히 해당업체에 관한 간단한 정보만 수록되어 있을 뿐 무역거래알선사이트처럼 다양한 정보를 제공하지도 않고 사용하기도 불편하며 업데이트가 잘 되지 않는다는 등의 단점이 있으나 무역거래알선사이트를 보완하는 도구로서 활용할 가치가 있다.

한국무역협회, KOTRA, 한국수입업협회 등과 같은 무역관련기관의 자료실에 가면 책자로 출간된 다양한 무역 디렉토리를 찾아볼 수 있으며, 일부 디렉토리는 인터넷을 통해서도 자료를 검색할 수 있다. 대표적인 무역 디렉토리는 다음과 같다.

| 디렉토리 명 | 사이트 주소 | 내용 |
|---|---|---|
| KOMPASS | www.kompass.com | 전 세계 각국의 기업정보 |
| Thomas Register | www.thomasnet.com | 미국 및 캐나다의 제조업체 정보 |

상기한 디렉토리들이 모든 품목의 관련업체 정보를 다루고 있는 종합 디렉토리인데 반해서 다음과 같이 품목별로 전문화된 디렉토리도 있다.

| 품목 | 디렉토리 |
|---|---|
| Chemical | The Directory of International Chemical Supplies |
| Metal | Metal Traders of the World |
| Telecommunication | Major Telecommunications Companies of the World |
| Food | World Food Industry Sourcebook |
| Pulp & Paper | International Pulp & Paper Directory |

이밖에도 다음과 같이 바이어에 관한 정보만을 따로 모아놓은 디렉토리도 있다.

| 디렉토리 명 | 내용 |
|---|---|
| The International Directory of Importers | 대륙별, 국가별, 아이템별로 수입상의 상호, 담당자 이름, 전화번호, 팩스번호, 취급품목 등을 수록 |
| The International Directory of Agents Distributors & Wholesalers | 아이템별, 국가별로 에이전트, 판매상, 도매상 등에 관한 자료를 수록 |
| The Directory of Mail Order Catalog | 미국 내 메일오더회사의 주소, 전화번호, 팩스번호, 이메일주소, 취급품목 등을 수록 |
| Directory of Department Stores | 미국 내 백화점들의 주소, 전화번호, 팩스번호, 설립일, 판매액 등을 지역별로 나누어 수록 |
| Directory of United States Importers | 미국 내 수입업체들의 주소, 전화번호, 팩스번호, 취급품목 등을 수록 |

무역디렉토리에서 정보를 입수한 해외거래처를 접촉할 때는 우선 상대방을 알게 된 경위를 설명하고 신규거래관계를 수립하는 데 관심이 있는지를 타진해야 한다. 디렉토리에 수록된 업체 중에 상당수는 새로 거래관계를 수립하는 데 관심이 없을 수도 있다는 점을 감안하여 답신이 없거나 부정적인 답변이 오더라도 실망하지 말고 지속적으로 새로운 업체를 접촉하는 것이 바람직하다.

## 4. 무역관련기관을 활용하는 방법

해외거래처를 개발할 때는 무역관련기관도 최대한 활용할 필요가 있다. 우선 국내무역관련기관을 통해서 우리나라에 물건을 수출하거나 수입하고 싶어 하는 외국업체들이 보내온 인콰이어리를 활용할 수도 있고, KOTRA의 해외지사망을 활용해서 해외거래처를 개발할 수도 있다.

이들 국내무역관련기관을 통해서 연결되는 해외거래처는 무역알선사이트나 무역디렉토리를 통해서 연결되는 해외거래처보다 거래관계를 수립할 가능성이 좀 더 높다고 볼 수 있다. 우리나라와의 무역거래에 관심이 있는 업체들이 국내무역관련기관을 접촉할 가능성이 높기 때문이다. 다만 국내무역관련기관을 통해서 입수한 해외거래처 정보는 국내 다른 업체에서도 관심을 가질 수 있으므로 경쟁업체와 차별화될 수 있는 무기를 개발할 필요가 있다.

또한 국내무역관련기관뿐만 아니라 세계 각국의 무역관련기관을 활용하여 해외거래처를 개발하는 데도 관심을 기울일 필요가 있다. 세계 각국의 무역관련기관을 접촉하여 해당 국가의 공급업체나 바이어를 소개해달라고 요청함으로써 해외거래처를 개발할 수 있다.

해외거래처를 개발하는 데 활용할 수 있는 국내외 무역관련기관은 다음과 같다.

## 1) 국내무역관련기관

| 기관명 | 사이트 주소 | 비고 |
|---|---|---|
| 한국무역협회 | www.kita.net | www.tradekorea.com을 통해서 무역거래알선 |
| KOTRA | www.kotra.or.kr | www.buykorea.org를 통해서 무역거래알선 |
| 중소기업진흥공단 | www.sbc.or.kr | www.gobizkorea.com을 통해서 무역거래알선 |
| 농수산물유통공사 | www.at.or.kr | www.agrotrade.net을 통해서 무역거래알선 |

## 2) 해외 국가별/지역별 무역관련기관

| 국명 | 무역기관 |
|---|---|
| 미국 | ITA(International Trade Administration)<br>www.ita.doc.gov |
| 캐나다 | CCC(Canadian Commercial Corporation)<br>www.ccc.ca |
| 유럽 | European Chamber of International Business<br>www.ecib.com |
| 영국 | DTI(Department of Trade of Industry)<br>www.dti.gov.uk |
| 이탈리아 | Italian Institute for Foreign Trade<br>www.italtrade.com |
| 벨기에 | BFTB(Belgium Foreign Trade Board)<br>www.obcebdbh.be |
| 호주 | AUSTRADE(Australia Trade Commission)<br>www.austrade.gov.au |
| 뉴질랜드 | Trade New Zealand<br>www.tradenz.govt.nz |
| 일본 | JETRO(Japan External Trade Organization)<br>www.jetro.go.jp |

| 국명 | 무역기관 |
|---|---|
| 중국 | CCPIT(China Council for the Promotion of International Trade)<br>www.ccpit.org |
| 홍콩 | TDC(Hong Kong Trade Development Council)<br>www.tdctrade.com |
| 대만 | CETRA(China External Trade Development Council)<br>www.taiwantrade.com.tw |
| 태국 | DEP(Department of Export Promotion)<br>www.thaitrade.com |
| 필리핀 | DTI(Department of Trade & Industry)<br>www.dti.gov.ph |
| 인도네시아 | NAFED(National Agency For Export Development)<br>www.nafed.go.id |
| 말레이시아 | MATRADE(Malaysia External Trade Development)<br>www.matrade.gov.my |
| 싱가포르 | International Enterprises Singapore<br>www.iesingapore.com |
| 인도 | Department of Commerce & Industry<br>www.nic.in/eximpol |
| 중남미 | Latin Trade<br>www.latintrade.com |
| 브라질 | BrazilBiz<br>www.brazilbiz.com.br |
| 아프리카 | MBendi<br>www.mbendi.co.za |
| 세계 | World Trade Centers Association<br>www.wtca.org |

## 5. 전시회를 활용하는 방법

해외거래처를 개발할 수 있는 가장 확실하면서도 효과적인 방법 중에 하나가 전시회를 활용하는 것이다. 전시장에서는 실제 상품을 보면서 구체적인 상담이 가능하므로 경쟁력 있는 해외공급업체나 구매력 있는 바이어를 개발하기 위해서 적극적으로 활용할 필요가 있다.

전 세계에서는 매일같이 수많은 전시회가 개최되고 있지만 그중 상당수는 국내시장을 겨냥한 전시회이거나 명목상으로는 국제전시회라고 하지만 경쟁력 있는 해외공급업체나 구매력 있는 바이어를 만나기 힘든 전시회도 많다. 따라서 전시회에 출품할 때는 아이템별로 전 세계 유명업체들이 집결하는 전시회를 선택하는 것이 바람직하다.

아이템별로 대표적인 국제전시회는 다음과 같다.

| 아이템 | 전시회 |
|---|---|
| 가구 | 밀라노가구박람회(Salone Internazionale del Mobile, Int'l Expo of Furniture) |
| 가전 | 라스베가스가전박람회(CES) |
| 가정용품 | 시카고가정용품박람회(International Houseware Show) |
| 게임 | 로스앤젤레스게임박람회 |
| 광학 | 밀라노광학박람회<br>(MIDO/Int'l Optics, Optometry & Ophthalmology Exhibition) |
| 금속산업 | 뒤셀도르프주조박람회(NEWCAST) |
| 기계 | 하노버박람회(Hannover Messe) |
| 모피 및 혁제의류 | 프랑크푸르트모피 및 혁제의류박람회(Fur & Fashion Frankfurt) |

| 아이템 | 전시회 |
| --- | --- |
| 문구, 선물용품 | 프랑크푸르트문구선물용품박람회(Paperworld-Internationale Frankfurter Messe) |
| 미용용품 | 싱가포르미용박람회(BEAUTY ASIA) |
| 방송통신관련장비 | NAB미국방송박람회(NAB SHOW) |
| 보석 | 동경국제보석전(IJT) |
| 보안, 안전 | 대만보안안전박람회(SecuTech EXPO) |
| 소비재 | 프랑크푸르트춘계소비재박람회 (Ambiente Internationale Frankfurt Messe) |
| 섬유직물 | 프랑크푸르트하임텍스타일(Heimtextile) |
| 시계 | 홍콩시계박람회(Hong Kong Watch & Clock Fair) |
| 신발 | 라스베가스신발박람회(The WSA show) |
| 실내장식 인테리어 | 파리메종오브제(Maison & Objet PARIS) |
| 악기 | 프랑크푸르트국제악기박람회(Int'l Trade fair for Musical Instruments) |
| 완구 | 뉴렌버그완구박람회(Internaitonal Toy Fair Nuernberg) |
| 운동용품 | 뮌헨운동용품박람회 (International Trade Fair for Sports Equipments & Fashion) |
| 유아용품 | 쾰른유아용품박람회(Kind + Jugend) |
| 음악 악기 | 프랑크푸르트뮤직메세(Musikmesse) |
| 의료기기 | 북경의료기기박람회(CHINAMED) |
| 의류패션 | 홍콩패션박람회(Hong Kong Fashion Week for Fall/Winter) |
| 정보통신 | 하노버국제정보통신박람회(CeBIT Hannover/World Business Fair) |
| 종합 | 광동박람회(Canton Fair) |
| 축산 | 아틀란타축산박람회(IPE) |
| 플라스틱 | 동경플라스틱박람회(N PLUS) |

## 6. 상담회를 활용하는 방법

무역관련기관과 업종별 관련단체, 각종 지방자치단체에서 주최하는 상담회를 통해서 해외거래처를 개발할 수 있다. 전시회가 단시간 내에 다수의 업체를 만날 수 있는 장점이 있지만 개별 업체와의 집중적인 상담을 나누기가 어렵다는 문제가 있는 반면에 상담회는 1대1 개별미팅방식으로 진행되므로 좀 더 심도 있는 상담을 통해서 거래성사 가능성을 높일 수 있다.

상담회는 외국의 바이어나 셀러를 국내로 초청해서 해당 업체들이 취급하는 국내업체들과의 미팅을 주선하거나, 반대로 국내업체들을 모집해서 외국에 나가서 현지의 바이어나 셀러와의 상담회를 주선하는 방식으로 이루어진다. 비록 1대1 개별미팅 방식으로 운영이 되지만 개별기업별로 한 업체만 만나는 것이 아니라 복수기업과의 1대1 미팅이 이루어지므로 경쟁업체와 차별화될 수 있는 조건을 들고 나가야 거래성사율을 높일 수 있다.

한국무역협회, KOTRA, 중소기업진흥공단, 한국수입업협회 등 무역관련기관과 업종별 관련단체, 지방자체단체 등에서 다양한 상담회를 개최하고 있으며 구체적인 상담회 일정은 해당 기관의 웹사이트를 통해서 확인할 수 있다.

# 가격은 어떻게 정하나?

아이템과 해외거래처가 정해지면 상담을 통해서 품명(description), 수량(quantity), 가격(price), 포장방식(packing), 선적항(shipping port), 도착지(destination), 선적기일(shipment date), 결제방식(payment terms) 등과 같은 계약조건에 합의해야 한다.

이 중 가격과 결제방식을 제외한 나머지 조건들은 수출자와 수입자 간의 협의과정에서 큰 문제없이 합의될 수 있는 것들이다. 따라서 가격과 결제방식을 어떻게 합의하는지만 이해하면 당장 계약을 체결하는 데 큰 문제가 없다고 보아도 무방하다. 과연 무역거래에서 가격과 결제방식은 어떻게 합의할까? 먼저 가격을 정하는 방법부터 알아보기로 하자.

무역거래에서 가격을 정할 때는 그냥 얼마라고 해서는 안 되고 어떤 조건에서 얼마라는 식으로 정해야 한다. 즉 무역거래를 하기 위해서 발생하는 운송비, 보험료, 통관비용과 같은 부대비용 중 어디까지를 가격에 포함시키고 물건이 운송되는 도중에 사고가 날 경우에 수출자와 수입자 중 누가 책임을 질 것인가 하는 조건을 정한 후에 해당 조건으로 거래할 때의 가격을 정해야 하는 것이다.

이와 같이 가격을 정할 때 기준이 되는 조건을 가격조건 또는 거래조건이라고 하며 가격을 정할 때마다 그때그때 조건을 정하는 것이 번거롭기 때문에 미리 정해놓은 거래조건을 정형거래조건이라고 한다. 국제상업회의소(ICC; International Chamber of Commerce)에서 제정한 인코텀즈에서는 11가지의 정형거래조건에 대해서 규정해 놓았는데 일반적인 무역거래에서는 주로 FOB와 CIF 조건이 사용된다.

FOB는 Free On Board의 약자로서 선적항에서 물건을 실을 때까지의 비용을 가격에 포함시키는 조건으로 조건 명 뒤에 선적항을 명시해서 FOB Busan이라는 식으로 표시한다. 즉 FOB Busan이라고 하면 부산항에서 물건을 실을 때까지의 비용이 가격에 포함되었다는 뜻이 된다.

CIF는 Cost Insurance and Freight의 약자로서 도착항까지의 보험료와 운송비까지를 가격에 포함시킨 조건을 뜻한다. CIF 뒤에는 도착항을 명시해서 CIF New York과 같이 표시하며 이때 CIF New York의 뜻은 뉴욕항까지의 운임과 보험료를 가격에 포함시킨다는 뜻이 된다.

수출을 하기 위해서는 우선 FOB나 CIF 조건 중에 하나를 선택하여 공장도 가격에 해당조건에 포함된 부대비용을 더한 수출가격을 산정하여 바이어에게 알려주어야 한다. 바이어는 수출자가 제시한 거래조건은 그대로 두고 가격을 깎아달라고 할 수 있고 다른 조건으로 바꿔달라고 할 수도 있다. 만약 FOB Busan 조건으로 가격을 제시했는데 CIF

New York 조건으로 바꿔달라고 하면 FOB Busan 조건의 가격에다 부산항에서 뉴욕항까지의 운임과 보험료를 더해서 알려주면 된다. 바이어 중에는 처음부터 자신이 거래조건을 정해서 해당 조건으로 가격을 통보해달라는 경우도 있다.

거래조건별로 발생하는 부대비용은 포워더에게 의뢰해서 알려달라고 하면 된다. 포워더란 여행사와 같은 역할을 하는 업체를 뜻한다. 즉 사람이 여행갈 때 여행사에서 여행객을 대신해서 비행기를 예약해주고 호텔을 예약해주듯이 상품이 여행을 해야 하는 무역거래에서 수출자나 수입자를 대신해서 운송관련업무를 처리해주는 업체를 포워더(운송주선인)라고 한다.

원칙적으로 포워더는 운송관련업무만 처리해주고 통관업무는 관세사에서 처리해주지만 포워더와 관세사가 서로 제휴해서 한 군데에 업무를 의뢰하면 제휴사를 통해서 일괄 처리해 준다. 따라서 포워더와 관세사를 따로 접촉하지 않고 포워더 또는 관세사를 통해서 운송 및 통관비용을 한꺼번에 확인할 수 있다. 보험료는 보험회사에 별도로 문의하거나 포워더 또는 관세사를 통해서도 확인할 수 있다.

FOB와 CIF조건을 포함해서 인코텀즈 2020에서 규정한 11가지의 정형거래조건 내용은 다음과 같다.

| 조건명 | 해설 |
|---|---|
| EXW | Ex Works의 약자로서 공장이나 창고와 같은 지정된 장소에서 수출통관을 하지 않은 물품을 인도하는 조건 |
| FOB | Free On Board의 약자로서 지정된 선적항에서 수입자가 지정한 선박에 물품을 적재하여 인도하는 조건 |
| FAS | Free Alongside Ship의 약자로서 지정된 선적항에서 수입자가 지정한 선박의 선측에서 물품을 인도하는 조건 |
| FCA | Free Carrier의 약자로서 수출국 내의 지정된 장소에서 수입자가 지정하는 운송인에게 수출통관이 완료된 물품을 인도하는 조건 |
| CFR | Cost and Freight의 약자로서 선적항에서 물품을 적재하여 인도하고 지정된 목적항까지의 운임을 수출자가 부담하는 조건 |
| CIF | Cost Insurance and Freight의 약자로서 선적항에서 물품을 적재하여 인도하고 지정된 목적항까지의 운임과 보험료를 수출자가 부담하는 조건 |
| CPT | Carriage Paid To의 약자로서 수출자가 선택한 운송인에게 물품을 인도하고 지정된 목적지까지의 운송비를 수출자가 부담하는 조건 |
| CIP | Carriage and Insurance Paid To의 약자로서 수출자가 선택한 운송인에게 물품을 인도하고 지정된 목적지까지의 운송비와 보험료를 수출자가 부담하는 조건 |
| DAP | Delivered At Place의 약자로서 지정된 목적지에 도착한 운송수단에서 물품을 내리지 않은 상태로 인도하는 조건 |
| DPU | Delivered at Place Unloaded의 약자로서 지정된 목적지에 도착한 운송수단에서 물품을 내려서 인도하는 조건 |
| DDP | Delivered Duty Paid의 약자로서 수입통관된 물품을 지정된 목적지에 도착한 운송수단에서 내리지 않은 상태로 인도하는 조건 |

일반적인 무역거래에서는 주로 FOB 또는 CIF 조건이 사용되기 때문에 위에 소개한 11가지 거래조건을 완벽하게 이해하려고 애쓸 필요는 없다. 일단 FOB와 CIF만 확실하게 이해해 두고 나머지 조건은 상담과정에서 거론될 경우에 확인해도 된다.

수출자의 입장에서 보면 거래조건에 따라 물건 값 외에 추가되는 부대비용을 더한 가격을 수입자로부터 지급받게 되므로 어떤 거래조건을 적용하는 것이 유리 또는 불리하다고 단정할 수는 없다. 다만 추가되는 부대비용이 늘어날수록 운송계약이나 보험계약에 따르는 일거리가 늘어나게 되므로 불편하다고 할 수 있다.

수입자의 입장에서도 어떤 거래조건을 적용하는 것이 유리 또는 불리하다고 단정할 수는 없으나, 가격에 포함되는 부대비용이 늘어날수록 운송계약이나 보험계약에 따르는 일거리는 줄어들어서 편리하다고 할 수 있다.

다만 수입자가 상대적으로 대기업이거나 수입물량이 많아서 운송계약이나 보험계약을 좀 더 유리한 조건으로 체결할 수 있다면 가급적 FOB와 같이 운송비나 보험료가 포함되지 않은 거래조건으로 계약함으로써 운송비나 보험료를 절약할 수 있다.

반대로 수출자가 상대적으로 대기업이거나 수출물량이 많아서 운송계약이나 보험계약을 유리한 조건으로 체결할 수 있다면 가급적 CIF와 같이 운송비나 보험료가 포함된 거래조건으로 계약하는 것이 바람직하다.

인코텀즈에서는 11가지 거래조건별로 매도인의 의무 10가지, 매수인의 의무 10가지씩을 규정해 놓고 있다. 따라서 수출자와 수입자는 인코텀즈에서 규정한 의무조항을 반영하여 개별조건별로 가격을 정하면 된다.

인코텀즈에서 규정한 10가지의 의무사항 중 실무적으로 중요한 것은 위험의 이전(transfer of risks)과 비용의 분담(allocation of costs)이다. 위험의 이전이란 물건이 운송되는 도중에 사고가 났을 때 수출자와 수입자 중에서 누가 책임을 지느냐 하는 것이고, 비용의 분담이란 무역거래에서 발생하는 부대비용을 어디까지는 수출자가 부담하고 어디서부터는 수입자가 부담하느냐 하는 것이다.

이 중에서 위험의 이전시점이 어디냐에 따라서 보험을 누가 들지가 정해지고 비용의 분담이 어디에서 이루어지느냐에 따라서 원가계산이 이루어진다.

인코텀즈에서 규정한 위험의 이전시점에 따라서 DAP, DPU, DDP 조건에서는 수출자가 보험에 들고 나머지 조건에서는 수입자가 보험을 들어야 하나, CIF나 CIP 조건에서 예외적으로 수출자가 수입자를 대신해서 보험에 들도록 규정해 놓고 있다.

이에 따라 CIF나 CIP 조건으로 계약을 하면 보험에 드는 사람은 수출자이고 사고가 났을 때 보상은 수입자가 받게 되며 수출자는 보험에 가입한 후 보험회사로부터 보험증권을 받아서 직접 또는 은행을 통해서 수입자에게 보험증권을 보내주어야 한다.

수출자가 원가계산을 할 때는 공장도가격에 거래조건별로 수출자가 부담해야 하는 부대비용(운송비, 보험료, 통관비 등)을 더해서 수출가격을 계산하면 되고 수입자는 수출자에게 지급하는 금액에 거래조건별로 수입자가 부담해야 하는 부대비용을 대해서 수입원가를 계산하면 된다.

일반적인 무역거래에서 주로 사용하는 5가지 거래조건에서 수출자가 부담하는 부대비용을 그림으로 표시하면 다음과 같다. 밑에 표에서 짙은 색으로 표시한 것이 수출자가 부담하는 비용이다.

| | 내륙 운송비 | 수출 통관비 | 해상 운송비 | 적하 보험료 | 수입 통관비 | 내륙 운송비 |
|---|---|---|---|---|---|---|
| EXW | | | | | | |
| FOB | ■ | ■ | | | | |
| CFR | ■ | ■ | ■ | | | |
| CIF | ■ | ■ | ■ | ■ | | |
| DDP | ■ | ■ | ■ | ■ | ■ | ■ |

(■ = 짙은 색으로 표시된 칸)

수출자가 수출원가를 계산할 때는 공장도 가격에다 위의 표에서 짙은 색으로 표시한 비용을 더하면 되고, 수입자가 수입원가를 계산할 때는 수출자에게 지급한 금액에다 위의 표에서 짙은 색으로 표시하지 않은 비용을 더하면 된다.

인코텀즈에서는 FOB, FAS, CFR, CIF 등 4가지 조건은 해상운송방식에서만 사용하도록 하고 나머지 7가지 조건은 운송방식에 상관없이 사용하도록 규정해 놓았지만 현장에서는 이를 무시하고 항공운송이나 수입국에서의 내륙운송이 포함된 조건으로 거래를 하는 경우에도 FOB나 CIF와 같은 조건을 사용하고 있다.

# 대금결제는 어떻게 하나?

무역계약 조건 중에서 가격 못지않게 중요한 것이 결제방식이다. 무역거래를 할 때 가장 안타까울 때가 물건의 품질이나 가격에는 합의가 이루어졌는데 결제방식에 합의가 이루어지지 않아서 거래가 깨지는 경우다.

특히 처음 거래를 시작할 때는 결제방식에 합의하기가 쉽지 않다. 서로 다른 국가 간의 거래에서 처음 보는 상대방을 신뢰할 수가 없기 때문이다. 수출자는 자신을 믿고 수입자에게 돈을 먼저 보내라고 하고 수입자는 자신을 믿고 물건을 먼저 실어 보내라고 우기다가 거래가 깨지는 경우가 비일비재하다. 무역거래에서는 어떤 결제방식이 쓰이고 어떻게 거래가 이루어질까?

무역실무 책을 보면 수많은 결제방식에 대한 설명이 나오지만 일반적인 무역거래에서는 주로 송금방식과 신용장방식이 쓰인다. 이 두 가지 방법에 대해서 자세히 알아보기로 하자.

## 1. 송금방식

송금방식은 영어로는 T/T(Telegraphic Transfer)라고 부르며 수입자가 수출자의 은행계좌로 물품대금을 송금하는 방식이다. 송금절차는 국내에서 계좌이체 하는 것과 다를 바 없다. 즉 수입자가 자신이 거래하는 은행에 수출자가 지정하는 은행계좌로 대금을 송금해달라고 요청하면 해당금액만큼 수출자의 은행계좌로 송금이 이루어진다. 이와 같이 송금방식으로 물품대금을 보내고 받는 것은 대단히 간단하고 편리하지만 문제는 언제 돈을 보내고 받느냐 하는 것이다.

송금방식은 송금시점에 따라 사전송금방식과 사후송금방식으로 나누어진다. 사전송금방식이란 말 그대로 물건이 선적되기 전에 대금을 송금하는 방식이고 사후송금방식이란 물건이 도착한 후에 송금하는 방식이다. 사전송금방식은 영어로 T/T in advance라고 표시하고 사후송

〈사전송금방식〉

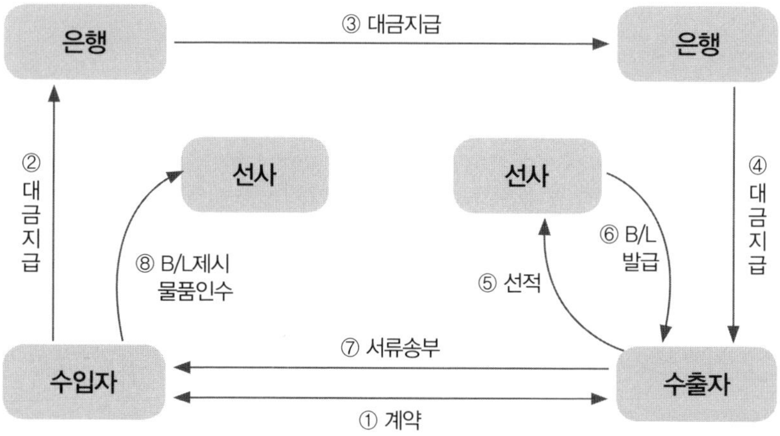

금방식은 T/T 90 days from B/L date와 같이 표시한다. 이들 방식은 105페이지와 106페이지 그림과 같은 방식으로 업무가 진행된다.

이들 그림 중 선사는 선박회사를 뜻하며 B/L은 Bill of Lading의 약자로서 선하증권이라고 부르며 선박회사에서 발행해주는 화물인수증이라고 이해하면 된다. B/L에 대해서는 나중에 별도로 설명하기로 한다.

이들 그림에서 보듯이 송금방식의 거래는 수출자와 수입자 모두에게 편리한 방식이지만 수출자는 사전송금방식을 원하고 수입자는 사후송금방식을 원하기 때문에 처음 거래를 할 때 송금시기에 합의하기가 쉽지 않다. 수출자와 수입자 중 한쪽에서 양보해서 위험을 감수해야 하는데 누구도 양보하기가 쉽지 않기 때문이다. 이런 문제점을 해결하기 위해서 사용하는 방식이 바로 신용장방식이다.

〈사후송금방식〉

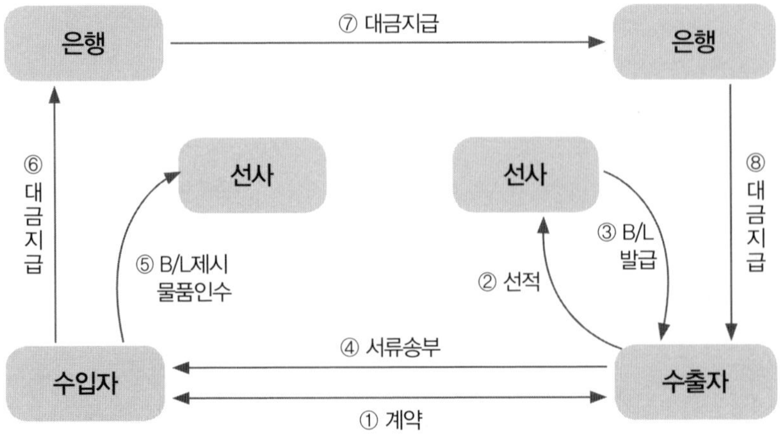

## 2. 신용장방식

신용장방식이란 수출자와 수입자가 서로 상대방을 믿을 수 없을 때 은행으로 하여금 대금지급을 약속하도록 하는 방식이다. 즉 신용장이란 수입자를 대신해서 수입자가 거래하는 은행(개설은행)에서 수출자에게 대금을 지급하겠다고 약속하는 증서로서 수출자는 개설은행의 약속을 믿고 물건을 선적한 다음 신용장에서 요구하는 서류를 은행에 제출하고 대금을 지급받는다. 신용장방식의 거래절차는 아래 그림과 같다.

〈신용장방식〉

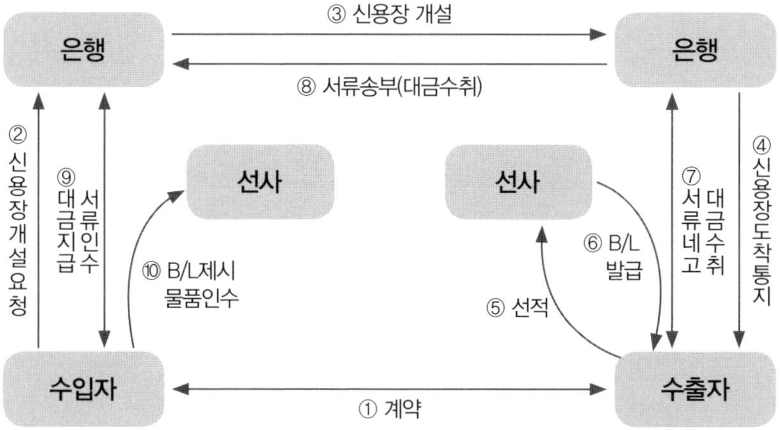


위의 그림에서 보듯이 신용장방식은 수출자가 물품을 선적한 후 신용장에서 요구하는 서류를 은행에 제출하고 대금을 회수하는 방식이다. 수출자로서는 신용장에서 요구하는 서류만 준비하면 대금회수가 보장되고, 수입자로서는 서류를 통해서 계약된 물품이 선적되었다는 사실을 확인한 후에 대금을 지급할 수 있으므로 수출자나 수입자 모두

안심하고 거래를 할 수 있다는 것이 신용장방식의 특성이자 장점이라고 할 수 있다.

하지만 신용장방식의 거래가 신용장에서 요구하는 서류와 상환하여 대금결제가 이루어짐에 따라 수입자로서는 실제로 선적한 물품이 계약내용과 다르더라도 서류상 문제가 없으면 대금지급을 거부할 수 없으며, 수출자로서는 물품은 제대로 선적했다 하더라도 서류상 문제가 있으면 대금지급을 거부당할 수 있다.

수입자의 입장에서 이와 같은 문제를 해결하기 위해서는 수출자가 물품을 선적하기 전에 수입자의 대리인 또는 SGS와 같은 국제적인 검사기관의 검사를 받도록 하고 검사결과 이상이 없음을 증명하는 검사증명서(inspection certificate)를 제출해야만 대금이 지급되도록 신용장에서 요구하는 서류목록에 검사증명서를 포함시키면 된다.

수출자의 경우에는 신용장을 접수하자마자 신용장의 모든 조항을 면밀히 검토해서 문제의 소지가 있는 조항이 있으면 수입자에게 해당 조항의 변경(amendment)을 요청하고, 신용장과 일치하는 서류를 준비하는 데 만전을 기해야 한다.

무역실무 책에는 여러 가지 종류의 신용장에 대해서 설명하고 있으나 일반적인 무역거래에는 주로 다음과 같은 신용장이 사용된다.

① Irrevocable ② documentary ③ negotiation ④ at sight L/C

### 1) 취소불능신용장(irrevocable L/C)

신용장 관련 당사자 전원의 합의 없이는 취소하거나 조건변경이 불가능한 신용장. 무역거래에 사용되는 신용장은 모두 취소불능신용장이며, 신용장에 취소불능이라는 표시가 없어도 취소불능으로 간주한다.

### 2) 화환신용장(documentary L/C)

수출자가 물품을 선적하고 상업송장, 선하증권 등과 같이 신용장에서 요구하는 선적서류를 제시하면 선적서류와 상환하여 신용장대금이 지급되는 신용장으로서 일반상품거래에서는 대부분 화환신용장이 사용된다.

화환신용장에 대비되는 개념으로 선적서류의 제시 없이 신용장대금이 지급되는 무화환신용장(Clean L/C)이 있으며, 물품거래와 상관없이 순수한 보증목적으로 사용되는 보증신용장(standby L/C)도 선적서류의 제시 없이 대금지급이 이루어진다.

### 3) 매입신용장(negotiation L/C)

수출국에 있는 은행에서 개설은행 대신 수출자로부터 선적서류를 받고 대금을 지급해주는 것을 매입(negotiation)이라고 하며 이와 같은 매입을 허용하는 신용장을 매입신용장이라고 한다. 개설은행이 수출국에 지점이 있는 경우를 제외하고는 수출국에 있는 다른 은행으로 하여금 수출자로부터 선적서류를 매입하도록 허용할 수밖에 없기 때문에 일반적인 무역거래에서는 대부분 매입신용장이 사용된다.

#### 4) 일람불 신용장(at sight L/C)

신용장에서 요구하는 선적서류가 제시되는 즉시 신용장 대금의 지급이 이루어지는 신용장을 일컬으며 이와 반대로 선적서류가 제시되고 일정기간 후에 대금이 지급되는 신용장은 기한부신용장(usance L/C)이라고 한다.

☞ 위에 열거한 신용장의 종류는 서로 대비되는 개념이 아니라 하나의 신용장에 동시에 적용될 수 있는 개념이다. 즉 irrevocable documentary negotiation at sight L/C와 같이 상기한 신용장조건을 모두 충족시키는 신용장이 일반적인 무역거래에서 주로 사용된다.

일반적으로 사용되는 신용장의 샘플은 다음과 같다.

| | | |
|---|---|---|
| **40A** | Form of Documentary Credit | : IRREVOCABLE |
| **20** | Documentary Credit Number | : L12345678 |
| **31C** | Date of Issue | : 20/03/20 |
| **40E** | Applicable Rules | : UCP LATEST VERSION |
| **31D** | Date and Place of Expiry | : 20/04/30 SEOUL |
| **50** | Applicant | : HAPPY CORPORATION.<br>111, HAPPY ROAD, NEW YORK, USA |
| **59** | Beneficiary | : SMILE CORPORATION<br>123, SAMSUNG-DONG, KANGNAM-KU,<br>SEOUL, KOREA. |
| **32B** | Currency Code, Amount | : USD 21,840.00 |

| | | |
|---|---|---|
| **41D** | Available with......By...... | : ANY BANK<br>BY NEGOTIATION |
| **42C** | Drafts at | : SIGHT |
| **42A** | Drawee | : NEW YORK BANK<br>2007, WALL STREET,<br>NEW YORK, USA |
| **43P** | Partial Shipment | : ALLOWED |
| **43T** | Transshipment | : NOT ALLOWED |
| **44A** | Port of Loading/Airport of Departure | : BUSAN, KOREA |
| **44B** | Port of Discharge/Airport of Destination | : NEW YORK, USA |
| **44C** | Latest Date of Shipment | : 20/04/20 |

**45A** Description of Goods and/or Services

1,700 PCS OF SPORTS ACCESSORIES
DETAILS ARE AS PER THE PROFORMA INVOICE
NO SPI-0505 ISSUED BY BENEFICIARY

**46A** Documents Required

+ SIGNED COMMERCIAL INVOICE IN QUINTUPLICATE
+ PACKING LIST IN TRIPLICATE
+ FULL SET OF CLEAN ON BOARD OCEAN BILL OF LADING MADE OUT TO THE ORDER OF

NEW YORK BANK MARKED FREIGHT PREPAID AND NOTIFY APPLICANT

+ MARINE INSURANCE POLICY OR CERTIFICATE IN DUPLICATE, ENDORSED IN BLANK FOR 110% OF THEINVOICE VALUE. INSURANCE MUST INCLUDE : INSTITUTE CARGO CLAUSES : I.C.C(A)
+ CERTIFICATE OF ORIGIN

**47A** Additional Conditions

ALL DOCUMENTS MUST BEAR OUR CREDIT NUMBER.

| | | |
|---|---|---|
| **71B** | Charges | : ALL BANKING COMMISSIONS AND<br>CHARGES OUTSIDE USA ARE FOR<br>ACCOUNT OF BENEFICIARY |
| **49** | Confirmation Instructions | : WITHOUT |
| **48** | Period for Presentation | : DOCUMENTS MUST BE<br>PRESENTED WITHIN 14 DAYS<br>AFTER THE DATE OF SHIPMENT BUT WITHIN THE<br>VALIDITY OF CREDIT |

78 Instructions to the Paying/Accepting/Negotiating Bank
DOCUMENTS TO BE FORWARDED TO US IN ONE LOT BY COURIER

① **40A form of documentary credit : IRREVOCABLE**

화환신용장의 형식 : 취소불능임

② **20 documentary credit number : L12345678**

화환신용장번호 : L12345678

③ **31C date of issue : 20/05/20**

신용장개설일자 : 2020년 5월 20일

④ **Applicable Rules : UCP LATEST VERSION**

적용규정 : UCP 최신판

* UCP란 Uniform Customs and Practice for Documentary Credit의 약자로서 신용장통 일규칙이라고 부르며 ICC에서 제정한 신용장 해석에 관한 국제규칙이다.

⑤ **31D date and place of expiry : 20/06/30 SEOUL**

신용장의 유효기일 및 장소 : 2020년 6월 30일, 서울

⑥ **50 applicant : HAPPY CORPORATION**

개설신청인 : HAPPY CORPORATION

⑦ **59 beneficiary : SMILE CORPORATION**

수익자 : SMILE CORPORATION

⑧ **32B currency code and amount : USD 21,840.00**

신용장금액 및 통화단위

⑨ 41D available with by name, address : ANY BANK BY NEGOTIATION

대급지급방식 : 아무 은행에서나 매입할 수 있음

⑩ 42C drafts at : SIGHT

환어음의 결제기일 : 일람불

* 환어음이란 수출자가 개설은행 앞으로 환어음에 기재된 금액을 지급해 달라고 요청하는 서식으로서 통상 매입은행을 수령인으로 지정한다.

⑪ 42A drawee : NEW YORK BANK

환어음의 지급인 : 뉴욕은행

⑫ 43P partial shipment : ALLOWED

분할선적 : 허용함

* 분할선적이란 계약된 물건을 한 번에 싣는 것이 아니라 두 차례 이상 나누어 싣는 것을 뜻한다.

⑬ 43T : transshipment : NOT ALLOWED

환적 : 허용하지 않음

* 환적이란 중간 기착지에서 다른 선박에 옮겨 싣는 것을 뜻한다.

⑭ 44A on board/dispatch/taking charge : BUSAN, KOREA

선적지 : 부산

⑮ 44B for transportation to : NEW YORK. USA

도착지 : 뉴욕

⑯ 44C latest date of shipment : 20/06/20

최종선적기일 : 2020년 6월 20일

⑰ 45A description of goods and/or services : 1,700 PCS OF SPORTS ACCESSORIES. DETAILS ARE AS PER THE PROFORMA INVOICE NO SPI-0505 ISSUED BY BENEFICIARY

상품 및 서비스의 명세 : 스포츠액세서리 1,700개. 자세한 내역은 수익자가 발행한 견적송장 SPI-0505에 따름

⑱ 46A documents required :

+ SIGNED COMMERCIAL INVOICE IN QUINTUPLICATE
+ PACKING LIST IN TRIPLICATE
+ FULL SET OF CLEAN ON BOARD OCEAN BILL OF LADING MADE OUT TO THE ORDER OF NEW YORK BANK MARKED FREIGHT PREPAID AND NOTIFY APPLICANT
+ MARINE INSURANCE POLICY OR CERTIFICATE IN DUPLICATE, ENDORSED IN BLANK FOR 110% OF THE INVOICE VALUE. INSURANCE MUST INCLUDE : INSTITUTE CARGO CLAUSES : I.C.C.(A)
+ CERTIFICATE OF ORIGIN

요구서류 :

+ 서명된 상업송장 5부
+ 포장명세서 3부
+ 운임선지급이라고 표시되고, 개설신청인을 통지인으로 하며, 뉴욕은행의 지시식으로 작성된 무고장 본선적재 해양선하증권 전통
+ 상업송장 금액의 110%가 부보된 백지이서방식의 보험증권 또는 보험증명서 2통

보험은 협회적하약관 ICC(A)를 포함해야 함

+ 원산지증명서

⑲ 47A additional conditions : ALL DOCUMENTS MUST BEAR OUR CREDIT NUMBER

추가조건 : 모든 선적서류에는 신용장번호가 표시되어야 함

⑳ 71B charges : ALL BAKING COMMISSIONS AND CHARGES OUTSIDE USA ARE FOR ACCOUNT OF BENEFICIARY

수수료 : 미국 밖에서 발생하는 모든 수수료는 수익자가 부담함

㉑ 49 confirmation instruction : WITHOUT

확인지시 : 확인하지 않음

㉒ 48 period for presentation : DOCUMENTS MUST BE PRESENTED WITHIN 14 DAYS AFTER THE DATE OF SHIPMENT BUT WITHIN THE VALIDITY OFTHE CREDIT

서류제출시한 : 선적서류는 신용장의 유효기일 내에서 선적일로부터 14일 이내에 제출 해야 함

㉓ 78 instructions to the pay/acc/nego bk : DOCUMENTS TO BE FORWARDED TO US IN ONE LOT BY COURIER

지급/인수/매입은행에 대한 지시 : 선적서류는 하나의 봉투에 넣어서 국제특송편으로 개설은행에 보내야 함

**〈신용장통일규칙〉**
신용장조건의 해석기준을 통일시키기 위해서 국제상업회의소(ICC)에서 제정한 규칙으로서 통상 UCP(Uniform Customs and Practice for Documentary Credits)라고 부른다.
신용장통일규칙의 세부적인 내용은 몰라도 일반적인 무역거래를 진행하는데는 큰 문제가 없으며 신용장 조항과 관련하여 애매한 부분이 있으면 은행을 통해서 확인하는 것이 바람직하다.

일반적으로 처음 거래를 시작할 때는 사전송금방식이나 신용장방식을 사용하다가 어느 정도 신뢰가 쌓이고 나면 수입자 쪽의 요구에 따라 사후송금방식으로 바뀌게 된다. 사후송금방식의 경우 수출자로서는 수출대금을 떼일 가능성이 상존하므로 수출보험에 가입하는 등 리스크 관리에 만전을 기해야 한다.

일반적인 무역거래는 대부분 송금 또는 신용장방식으로 거래가 이루어지지만 간혹 추심방식의 거래를 요구하는 거래처도 있다. 추심방식이란 은행에서 책임을 지지 않고 수입자에게 선적서류를 전달하고 수출대금을 수취해서 수출자에게 전달해주는 역할만 맡는 방식으로서 대금을 지급하는 시기에 따라서 D/P와 D/A로 나누어진다.
D/P란 Documents against Payment의 약자로서 수입자가 은행에 물품대금을 지급하고 서류를 인도 받는 방식을 뜻한다. 수입자는 서류가 있어야만 물품을 찾을 수 있기 때문에 수출자는 최악의 경우 물품대금은 받지 못하더라도 물품은 확보할 수 있다.
D/A란 Documents against Acceptance의 약자로서 수입자가 은행에 일정

기간 후에 대금을 지급하겠다는 약속을 하고 서류를 인도 받는 방식을 뜻한다. D/A방식의 거래에서 대금의 결제시기는 수출자와 수입자가 별도로 합의한다. 예를 들어 D/A 90 days라고 하면 서류를 인수한 날로부터 90일 후에 물품대금을 지급한다는 뜻이다. D/A방식의 거래에서 수입자가 약속한 날짜에 대금을 지급하지 않으면 수출자는 수출대금을 떼이게 되므로 수출자가 수입자를 완전히 믿을 수 있는 경우나 본·지사 간의 거래에 사용된다.

# 계약은 어떻게 체결하나?

계약을 체결하기 위해서는 수출자와 수입자가 앞서 언급한 모든 계약조건에 합의해야 한다. 그러기 위해서는 주로 이메일을 통해서 아래 예문과 같은 식으로 계약조건을 협의해서 합의를 이끌어내야 한다.

Ⓔ We would like to offer Galaxy Super at US$100/set FOB Busan. Minimum order quantity is 1,000 sets.

Ⓘ Please advise us if you can allow some discount if we order 5,000 sets.

Ⓔ We can reduce our price to US$95/set for an order of more than 5,000 sets.

Ⓘ Can you change trade terms to CIF New York?

Ⓔ We can offer US$98/set CIF New York.

Ⓘ Please check if you can reduce your price to US$96/set CIF New York.

Ⓔ We can reduce our price to US$97/set CIF New York. This is our best price.

**I** We are prepared to place an order of 5,000 sets of Galaxy Super at US$97/set CIF New York. Please confirm when you can ship this order.

**E** We can ship it within four weeks.

**I** Please confirm if you can ship it within two weeks.

**E** We can ship it within three weeks.

**I** Please advise us of your payment terms.

**E** We would like you to pay by T/T in advance.

**I** It is difficult for us to pay by T/T in advance. Is it possible for you to accept payment within 30 days after arrival of the goods?

**E** We can accept T/T in advance or L/C.

**I** We finally confirm our order of 5,000 sets of Galaxy Super at US$97/set CIF New York. Shipment should be made within three weeks. We will pay by L/C.

위의 예문에서 본 것처럼 모든 계약조건에 대한 합의가 이루어지면 수출자가 proforma invoice, sales note, order confirmation, order acknowledgement 등의 제목으로 계약서를 작성해서 수입자에게 보내거나, 수입자가 order sheet, purchase order, purchase note 등의 제목으로 계약서를 작성해서 수출자에게 보낸다. 거래규모가 크거나 장기계약의 경우에는 구체적인 계약조건을 명시하여 sales agreement, sales contract 등의 제목으로 계약서를 작성한다.

계약서를 누가 발행하고 어떤 제목과 내용으로 계약서를 작성하느냐에 대해서는 정해진 원칙이나 규정이 없다. 따라서 수출자와 수입자 중에 하나가 임의로 계약서를 작성해서 상대방에게 보내주고 상대방이 이의를 제기하지 않으면 계약서에 명시된 계약조건대로 계약이 체결된 것으로 간주한다.

일반적인 무역거래에 사용하는 계약서 샘플은 다음과 같다(장기계약용 sales agreement의 샘플은 부록에 수록함). 여기에 소개한 서식은 그야말로 샘플에 불과하며 계약서를 비롯한 무역서식은 정해진 양식이 없으므로 거래품목이나 거래형태 등을 감안하여 회사별로 별도의 양식을 만들어서 작성해도 된다.

# SMILE CORPORATION

① *Manufacturers, Expoters & Importers*

123, SAMSUNG-DONG, KANGNAM-KU, SEOUL, KOREA

TEL : (02) 555-1122 FAX : (02) 555-1133

# PROFORMA INVOICE

② Messrs. HAPPY CORPORATION

③ Invoice No. SPI-0505

④ Date. May 5, 2020

| ⑤ Description | ⑥ Quantity | ⑦ Unit Price | ⑧ Amount |
|---|---|---|---|
| | ⑨ CIF NEW YORK | | |
| SPORTS ACCESSORIES | | | |
| K-001 | 1,000 PCS | US$10.50 | US$10,500.00 |
| K-002 | 500 PCS | US$15.40 | US$7,700.00 |
| K-003 | 200 PCS | US$18.20 | US$3,640.00 |
| TOTAL : | 1,700 PCS | | US$21,840.00 |
| ********************* | *************** | *************** | *************** |

⑩ Packing : EXPORT STANDARD PACKING

⑪ Shipping Port : BUSAN, KOREA

⑫ Destination : NEW YORK

⑬ Shipment : WITHIN ONE MONTH AFTER RECEIPT OF YOUR L/C

⑭ Payment : BY AN IRREVOCABLE L/C AT SIGHT TO BE OPENED IN OUR FAVOR

Very truly yours,

⑮ SMILE CORPORATION

① **HAPPY CORPORATION**

111, HAPPY ROAD, NEW YORK, USA

TEL. 123-456-789 FAX. 123-456-790

## PURCHASE ORDER

② Messrs.
Smile Corporation.
123, Samsung-Dong,
Kangnam-Ku
Seoul, Korea

③ Your Ref ______________________

④ Our Ref ________Happy-0512________

⑤ Date & Place ___May 14, 2020_________

⑥ Dear Sirs.

We Happy Corporation., as Buyer, hereby confirm our purchase of the following goods in accordance with the terms and conditions given below.

---

| | |
|---|---|
| ⑦ DESCRIPTION | SPORTS ACCESSORIES<br>K-001 1,000 PCS<br>K-002 500 PCS<br>K-003 200 PCS |
| ⑧ PACKING | EACH 50 PCS. TO BE PACKED INTO AN EXPORTABLE CARTON BOX.<br>EXPORT STANDARD PACKING |
| ⑨ QUANTITY | 1,700 PCS ONLY |
| ⑩ PRICE | CIF NEW YORK IN U.S. DOLLARS.<br>K-001 @US$10.50/PCS<br>K-002 @US$15.40/PCS<br>K-003 @US$18.20/PCS |
| ⑪ AMOUNT | TOTAL : US$21,840.00 |
| ⑫ INSURANCE | INSURANCE POLICY/CERTIFICATE BLANK ENDORSED FOR 110% OF C.I.F VALUE WITH CLAIMS PAYABLE IN USA IN THE CURRENCY OF THE DRAFT INSURANCE TO INCLUDE I.C.C.(A) WITH INSTITUTE WAR CLAUSES, S.R.C.C CLAUSES. |
| ⑬ PAYMENT | BY L/C AT SIGHT IN YOUR FAVOUR BY FULL CABLE.<br>ADVISING THROUGH SEOUL BANK, SEOUL, KOREA FROM NEW YORK BANK, NEW YORK. |
| ⑭ SHIPMENT | SHIPMENT SHOULD BE EFFECTED DIRECTLY FROM BUSAN, KOREA TO NEW YORK<br>WITHIN JUNE 20, 2020 |
| ⑮ MARKS & NO | TO BE MARKED ON BOTH SIDES OF EACH CARTON BOX AS FOLLOWS :<br>HAPPY CORP<br>NEW YORK<br>C/NO. 1-1/UP<br>ITEM NO : |

# 계약이 체결된 후에 할 일은 무엇인가?

계약이 체결되고 수출자가 proforma invoice를 작성해서 수입자에게 발송하면 수입자는 합의된 결제방식에 따라 물품대금을 송금하거나 신용장을 개설한다. 대금이 입금되거나 신용장이 개설되면 수출자는 계약된 물건을 준비해서 수출통관 절차를 거쳐 선적하면 된다.

수출통관과 운송업무는 각각 관세사와 포워더에게 맡겨서 처리할 수 있다. 통관 및 운송업무를 맡길 때는 commercial invoice와 packing list를 작성해서 관세사와 포워더에게 주어야 한다. 세관에서 수출품을 심사할 때나 선박회사에서 물건을 인수할 때 이 같은 서류를 요청하기 때문이다.

Commercial invoice는 물품명세서와 대금청구서의 역할을 하는 서식이고, packing list는 물건의 포장상태를 나타내는 서식으로서 다음과 같이 작성한다.

# COMMERCIAL INVOICE

| | |
|---|---|
| ① Seller/Exporter<br>SMILE CORPORATION<br>123, SAMSUNG-DONG, KANGNAM-KU,<br>SEOUL, KOREA | ⑧ No. and date of invoice<br>SCI-0609 JUNE 9, 2020<br>⑨ No. and date of L/C<br>L12345678 MAY 20, 2020 |
| ② Buyer/Applicant<br>HAPPY CORPORATION<br>111, HAPPY ROAD<br>NEW YORK, USA | ⑩ L/C issuing bank<br>NEW YORK BANK<br>2007, WALL STREET,<br>NEW YORK, USA |
| ③ Notify party<br>SAME AS ABOVE<br>④ Port of Loading: BUSAN, KOREA<br>⑤ Final Destination: NEW YORK, USA<br>⑥ Carrier: OCEAN GLORY<br>⑦ Sailing on or about: June 10, 2020 | ⑪ Remarks :<br>COUNTRY OF ORIGIN<br>REPUBLIC OF KOREA |

| ⑫ Marks and numbers of pkgs | ⑬ Description of goods | ⑭ Quantity/Unit | ⑮ Unit-price | ⑯ Amount |
|---|---|---|---|---|
| HAPPY CORP | SPORTS ACCESSORIES | | CIF NEW YORK | |
| NEW YORK | K-001 | 1,000 PCS | US$10.50 | |
| C/NO. 1-34 | K-002 | 500 PCS | US$10,500.00 | |
| ITEM NO : | K-003 | 200 PCS | US$15.40 | US$7,700.00 |
| | | | US$18.20 | US$3,640.00 |
| | TOTAL | 1,700 PCS | | |
| | | | | US$21,840.00 |

Signed by
⑰

# PACKING LIST

| | |
|---|---|
| ① Seller/Exporter<br>SMILE CORPORATION<br>123, SAMSUNG-DONG, KANGNAM-KU,<br>SEOUL, KOREA | ⑧ No. and date of invoice<br>SCI-0609 JUNE 9, 2020 |
| ② Buyer/Applicant<br>HAPPY CORPORATION<br>111, HAPPY ROAD<br>NEW YORK, USA | ⑨ Remarks :<br><br>COUNTRY OF ORIGIN<br>REPUBLIC OF KOREA |
| ③ Notify party<br>SAME AS ABOVE | |
| ④ Port of Loading<br>BUSAN, KOREA | ⑤ Final Destination<br>NEW YORK, USA | |
| ⑥ Carrier<br>OCEAN GLORY | ⑦ Sailing on or about<br>June 10, 2020 | |

| ⑩ Marks and numbers of pkgs | ⑪ Description of goods | ⑫ Quantity | ⑬ Net Weight | ⑭ Gross Weight | ⑮ Measurement |
|---|---|---|---|---|---|
| HAPPY CORP | SPORTS ACCESSORIES | 1,700 PCS | 2,945 KGS | 3,208 KGS | 24.532CBM |
| NEW YORK | C/NO 1-20 K-001 | | | | |
| C/NO. 1-34 | C/NO 21-30 K-002 | | | | |
| ITEM NO : | C/NO 31-34 K-003 | | | | |

Signed by

⑯

# 수출신고필증

(갑지)
※ 처리기간 : 즉시

| | | | | |
|---|---|---|---|---|
| 제출번호 | ⑤ 신고번호 | ⑥ 신고일자 | ⑦ 신고구분 | ⑧ C/S 구분 |
| ① 신고자 | | | | |

| | | | |
|---|---|---|---|
| ② 수 출 자 부호 수출자구분<br>위 탁 자<br>(주소)<br>(대표자)<br>(통관고유부호)<br>(사업자등록번호) | ⑨ 거래구분 | ⑩ 종류 | ⑪ 결제방법 |
| | ⑫ 목적국 | ⑬ 적재항 | |
| | ⑭ 운송형태 | ⑮ 검사방법선택 | |
| | ⑯ 물품소재지 | | |
| ③ 제 조 자<br>(통관고유부호)<br>제조장소 산업단지부호 | ⑰ L/C 번호 | ⑱ 물품상태 | |
| | ⑲ 사전임시개청통보여부 | ⑳ 반송 사유 | |
| ④ 구 매 자<br>(구매자부호) | ㉑ 환급신청인 (1: 수출/위탁자, 2: 제조자) 간이환급<br>㉒ 환급기관 | | |

● 품명 · 규격(란번호/총란수 : )

| | |
|---|---|
| ㉓ 품 명<br>㉔ 거래품명 | ㉕ 상표명 |

| | | | | |
|---|---|---|---|---|
| ㉖ 모델규격 | ㉗ 성분 | ㉘ 수량 | ㉙ 단가(XXX) | ㉚ 금액(XXX) |
| | | | | |

| | | | | | | | |
|---|---|---|---|---|---|---|---|
| ㉛ 세번부호 | | ㉜ 순중량 | | ㉝ 수량 | | ㉞ 신고가격<br>(ROB) | |
| ㉟ 송품장부호 | | ㊱ 수입신고번호 | | ㊲ 원산지 | | ㊳ 포장개수<br>(종류) | |
| ㊴ 총중량 | | ㊵ 총포장개수 | | ㊶ 총신고가격<br>(FOB) | | | |
| ㊷ 운임(₩) | | ㊸ 보험료(₩) | | ㊹ 결제금액 | | | |
| ㊺ 수입화물<br>관리번호 | | | | ㊻ 컨테이너<br>번호 | | | |
| ㊼ 수출요건확인<br>(발급서류명) | | | | | | | |

| | |
|---|---|
| ※ 신고인기재란 | ㊽ 세관기재란 |

| | | | | |
|---|---|---|---|---|
| ㊾ 운송(신고)인<br>㊿ 기간 부터 까지 | 51 신고<br>수리일자 | | 52 적재<br>의무기한 | |
| | 담당자 | | | |

앞에 소개한 양식은 정해진 양식은 아니며 회사에 따라서 양식을 변형하여 사용할 수 있다. 위와 같이 commercial invoice와 packing list를 작성해서 관세사와 포워더에게 주면 관세사가 수출통관을 한 후 위와 같은 수출신고필증을 받아서 준다.

포워더는 수출자가 작성한 commercial invoice와 packing list를 선박회사에 제출하고 수출통관이 완료된 물건을 선적한 후 선박회사로부터 B/L을 발급받는다. B/L이란 Bill of Lading의 약자로서 선하증권이라고 부르며 선박회사(또는 포워더)에서 발행하는 일종의 화물인수증이라고 할 수 있다.

수출자는 물건을 선적한 후 선박회사로부터 B/L을 받아서 은행(신용장방식의 경우) 또는 수입자(송금방식의 경우)에게 제출하고 물품대금을 청구하게 되고 수입자는 선박회사에 B/L을 제출하고 물건을 찾게 되므로 무역서식 중에 가장 중요한 서식이라고 할 수 있다. B/L의 양식은 다음과 같다.

# Bill of Lading

| | |
|---|---|
| ① Shipper/Exporter<br>SMILE CORPORATION<br>123, SAMSUNG-DONG, KANGNAM-KU<br>SEOUL, KOREA | ⑪ B/L No. ; HONEST12345678 |
| ② Consignee<br>TO THE ORDER OF NEW YORK BANK | |
| ③ Notify Party<br>HAPPY CORPORATION<br>111, HAPPY ROAD<br>NEW YORK, USA | |

| | | |
|---|---|---|
| Pre-Carriage by | ⑥ Place of Receipt<br>Busan CY | |
| ④ Ocean Vessel<br>OCEAN GLORY | ⑦ Voyage No.<br>123E | ⑫ Flag<br>KOREA |

| | | | |
|---|---|---|---|
| ⑤ Port of Loading<br>BUSAN, KOREA | ⑧ Port of Discharge<br>NEW YORK, USA | ⑨ Place of Delivery<br>New York CY | ⑩ Final Destination(For the Merchant Ref.) |

| ⑬ Container No. | ⑭ Seal No. Marks & No | ⑮ No. & Kinds of Containers or Packages | ⑯ Description of Goods | ⑰ Gross Weight | Measurement |
|---|---|---|---|---|---|
| TEXU0101 | N/M | 1 CNTR | SPORTS ACCESSORIES<br>1,700PCS<br><br>"FREIGHT PREPAID" | 3,208 KGS | 24.532 CBM |
| Total No. of Containers or Packages(in words)<br>SAY : ONE(1) CONTAINER ONLY | | | | | |

| ⑱ Freight and Charges | ⑲ Revenue tons | ⑳ Rate | ㉑ Per | ㉒ Prepaid | ㉓ Collect |
|---|---|---|---|---|---|
| AS ARRANGED | | | | | |

| | | |
|---|---|---|
| ㉔ Freight prepaid at<br>BUSAN, KOREA | ㉕ Freight payable at | ㉗ Place and Date of Issue<br>JUNE 12, 2020, SEOUL<br>Signature |
| Total prepaid in | ㉖ No. of original B/L<br>THREE(3) | ㉙ HONEST Shipping Co. Ltd.<br>as agent for a carrier, RICH Liner Ltd. |
| ㉘ Laden on board vessel<br>Date JUNE 12, 2020 | Signature | |

B/L 양식 중에서 ② Consignee란 수하인이라고 번역하며 물건을 받을 사람을 지칭하는 용어다. Consignee가 누가 되느냐는 결제방식에 따라 달라진다. 즉 송금방식의 경우에는 수입자가 consignee가 되지만 신용장방식에서는 수입자가 결제를 하지 않을 경우를 대비하여 to the order of라고 기재하고 뒤에 개설은행명을 적어서 개설은행의 지시에 따른다고 기재한다. 또한 ③ Notify Party란에는 물건이 도착했을 때 물건을 찾아가라는 연락을 받을 사람이라는 뜻으로 통지인이라고 부르며 결제방식과 상관없이 주로 수입자를 기재한다.

이와 별도로 거래조건에 따라서 수출자가 보험을 들어야 하는 조건(CIF, CIP, DAP, DPU, DDP)으로 계약을 한 경우에는 적하보험에 가입하고 이 중에서 CIF나 CIP 조건으로 계약을 한 경우에는 보험증권을 직접 또는 은행을 통해서 수입자에게 보내주어야 한다. DAP, DPU, DDP 조건으로 계약을 체결한 경우에는 수출자가 보험에 가입하고 보험증권을 가지고 있다가 사고가 나면 보상을 받으면 된다. 앞에서도 언급했듯이 CIF나 CIP 조건으로 계약을 했을 때 보험증권을 수입자에게 보내주는 이유는 인코텀즈에서 규정한 위험의 이전시점에 따라 보험은 수출자가 들지만 사고가 났을 때 보상은 수입자 쪽에서 받도록 규정해놓았기 때문이다.

이밖에도 수입자가 요구하는 경우 원산지증명서(certificate of origin)를 보내주어야 한다. 수입국에 따라서 요구하는 원산지증명서 양식 및 발행자가 달라질 수 있으므로 구체적인 내용은 수입자에게 문의하거나 관세사를 통해서 별도로 확인하도록 한다.

물건을 선적한 후 위에 언급한 서류들이 준비되면 은행(신용장방식)에 제출하거나 수입자(송금방식)에게 보내고 대금을 지급받으면 된다.

물건을 수입하는 경우에는 수출자로부터 proforma invoice를 받고 합의된 결제조건에 따라 물품대금을 송금하거나 신용장을 개설한 후 수출자 또는 은행으로부터 선적서류를 받아서 그중 B/L 원본을 선박회사에 제출하고 물건을 찾는 한편 관세사를 통해서 수입신고를 하고 다음과 같은 수입신고필증을 발급받은 다음 물건을 인수한다.

# 수입신고필증

(갑지)

| ① 신고번호 | ② 신고일 | ③ 세관, 과 | ⑥ 입항일 | ※ 처리기간 : 3일 |
|---|---|---|---|---|
| ④ B/L(AWB)번호 | ⑤ 화물관리번호 | | ⑦ 반입일 | ⑧ 징수형태 |

| | | | |
|---|---|---|---|
| ⑨ 신 고 자<br>⑩ 수 입 자<br>⑪ 납세의무자<br>(주소)<br>(상호)<br>(성명)<br>⑫ 무역대리점<br>⑬ 공 급 자 | ⑭ 통관계획 | ⑱ 원산지증명서 유무 | ⑳ 총중량 |
| | ⑮ 신고구분 | ⑲ 가격신고서 유무 | ㉑ 총포장개수 |
| | ⑯ 거래구분 | ㉒ 국내도착항 | ㉓ 운송형태 |
| | ⑰ 종류 | ㉔ 적출국 | |
| | | ㉕ 선기명 | |
| | ㉖ MASTER B/L 번호 | | ㉗ 운수기관부호 |
| ㉘ 검사(반입)장소 | | | |

● 품명 · 규격(란 번호/총란수 : )

| ㉙ 품명<br>㉚ 거래품명 | ㉛ 상표 |
|---|---|

| ㉜ 모델 · 규격 | ㉝ 성분 | ㉞ 수량 | ㉟ 단가 | ㊱ 금액 |
|---|---|---|---|---|
| | | | | |
| | | | | |

| | | | | | | | |
|---|---|---|---|---|---|---|---|
| ㊲ 세번부호 | | ㊴ 순중량 | | ㊷ C/S 검사 | | ㊹ 사후확인기관 | |
| ㊳ 과세가격(CIF) | | ㊵ 수량 | | ㊸ 검사변경 | | | |
| | | ㊶ 환급물량 | | ㊺ 원산지표시 | | ㊻ 특수세액 | |
| ㊼ 수입요건확인<br>(발급서류명) | | | | | | | |

| ㊽ 세종 | ㊾ 세율(구분) | ㊿ 감면율 | (51) 세액 | (52) 감면분납부호 | 감면액 | * 내국세종부호 |
|---|---|---|---|---|---|---|
| XX<br>XX<br>XX<br>XX<br>XX | | | | | | |

| | | | | | |
|---|---|---|---|---|---|
| (53) 결제금액(인도조건-통화종류-금액-결제방법) | | | | (55) 환율 | |
| (54) 총과세가격 | (56) 운임 | | (58) 가산금액 | | (63) 납부번호 |
| | (57) 보험료 | | (59) 공제금액 | | (64) 부가가치세과표 |

| (60) 세종 | (61) 세액 | ※ 관세사기재란 | (65) 세관기재란 |
|---|---|---|---|
| 관세 | | | |
| 특소세 | | | |
| 교통세 | | | |
| 주세 | | | |
| 교육세 | | | |
| 농특세 | | | |
| 부가세 | | | |
| 신고지연가산세 | | | |
| (62) 총세액합계 | | (66) 담당자 | (67) 접수일시 | (68) 수리일자 |

# 그밖에 알아두어야 할 것들

## 1. 내국신용장

국내에서 타사제품을 구입해서 수출할 경우 국내공급자와 수출자 간에는 대금결제방식 및 시기를 놓고 수출자와 해외수입자 간에 벌어졌던 것과 같은 유사한 상황이 벌어진다. 국내공급자는 물품대금을 먼저 지급받기를 원하고, 수출자는 물품을 먼저 공급받기를 원하므로 결제방식에 합의하기가 쉽지 않다.

이와 같은 문제를 해결하기 위해서 사용하는 것이 내국신용장(local L/C)이다. 내국신용장방식에 의한 업무절차는 해외거래처 간에 사용하는 원신용장(master L/C)과 크게 다르지 않다. 즉 수출자의 요청에 따라 수출자의 거래은행에서 내국신용장을 발행하고, 국내공급자는 내국신용장에 의해 수출자에게 물건을 인도한 후 수출자로부터 물품수령증명서(인수증)를 발급받아서 은행에 제출하고 물품대금을 지급받게 된다.

국내공급자의 입장에서 보면 내국신용장의 발행은행으로부터 대금

지급을 확약 받는 것 외에도 수출실적을 인정받는 등의 혜택을 누릴 수 있으므로 수출자에게 물건을 공급할 때 내국신용장의 발행을 요구하게 된다.

한편 수출자의 입장에서 보면 내국신용장을 발행하기 위해서는 거래은행과 별도의 약정을 체결해야 하는데 은행이 요구하는 조건을 맞추지 못할 경우(예를 들어 담보가 부족하다는 등) 내국신용장의 발행이 어려울 수도 있다. 이런 경우에 내국신용장 대신 발행하는 서식을 구매확인서라고 한다.

구매확인서란 수출자의 거래은행에서 수출자가 국내공급자로부터 구매한 물품이 수출용으로 구매한 것이라는 사실을 확인해주는 서식으로서 국내공급자가 수출실적을 인정받는 등 수출에 따르는 혜택을 받는 데 근거서류로 사용할 수 있다. 다만 내국신용장처럼 발행은행에서 대금지급을 확약해주지는 않으므로 물품대금의 결제는 수출자와 국내공급자 간에 별도로 합의한 방식에 따라 이루어진다.

결론적으로 국내에서 타사제품을 구입해서 수출하는 경우에는 거래은행으로부터 내국신용장 또는 구매확인서를 발급받아서 국내공급자에게 주어야 한다.

## 2. 운송용어

운송관련업무는 포워더를 통해서 진행하므로 운송과 관련된 전문용어나 구체적인 운송절차까지 이해할 필요는 없으나 포워더 및 해외거래처와의 원활한 의사소통을 위해서 기본적인 운송용어는 알아두는 것이 좋다. 일반적인 무역거래에서 사용하는 운송용어는 다음과 같다.

### 1) 컨테이너

컨테이너(container)는 화물을 보다 능률적이고 경제적이며 안전하게 운송하기 위한 용기다. 컨테이너는 크기에 따라 20피트 컨테이너(길이 5,898mm×폭 2,348mm×높이 2,376mm)와 40피트 컨테이너(길이 12,031mm×폭 2,348mm×높이 2,376mm)로 나누어지며, 컨테이너의 대형화에 따라 45피트 점보컨테이너와 High Cubic 컨테이너의 사용도 늘어나고 있다.

또한 용도에 따라 일반화물을 적재하는 드라이컨테이너(Dry Cargo Container), 농산물이나 축산물같이 보온 또는 보냉운송이 필요한 화물을 적재하는 냉동컨테이너(Refrigerated Container, Reefer Container), 지붕이 개방된 오픈탑컨테이너(Open Top Container), 액체상태의 식품이나 화학제품을 적재하는 탱크컨테이너(Tank Container), 살아있는 동물을 수송하는 데 사용하는 라이브스탁컨테이너(Live Stock Container) 등이 있다.

컨테이너와 관련된 주요용어는 다음과 같다.

#### - FCL과 LCL

FCL은 Full Container Load의 약자로 단독으로 컨테이너 1대 이상 채울 수 있는 양의 화물을 뜻하고, LCL은 Less than Container Load의 약자로 단독으로 컨테이너를 채울 수 없는 소량화물을 뜻한다.

FCL이냐 LCL이냐에 따라 운임의 계산방법이 달라진다. 즉 FCL의 경우에는 화물의 양과 상관없이 컨테이너 한 대당 운임이 부과되고, LCL의 경우에는 CBM당 운임이 부과된다.

**– CBM**

CBM이란 Cubic Meter의 약자로서 부피의 단위이며, 가로, 세로, 높이가 각각 1미터일 때의 부피를 1CBM이라고 한다. 수출화물의 CBM을 계산하기 위해서는 우선 화물을 포장한 카튼박스의 규격(가로·세로·높이)을 곱해서 박스 하나의 CBM을 구한 다음 총 박스 수를 곱하면 된다.

예를 들어 가로·세로·높이가 각각 50cm, 60cm, 100cm인 박스 10개에 포장된 물건을 수출한다고 하면, 박스 하나의 CBM은 0.5×0.6×1 =0.3CBM이고, 전체 화물의 CBM은 0.3×10=3CBM이 된다.

이론적으로 20피트 컨테이너의 최대적재용량은 33.2CBM이고 40피트 컨테이너의 최대적재용량은 67.11CBM이나, 선적과정에서 발생하는 공간을 감안하여 평균적으로 20피트 컨테이너에는 25CBM, 40피트 컨테이너에는 55CBM 정도를 적재한다.

따라서 수출화물의 총 CBM을 계산해서 25CBM에 근접하면 FCL로 처리하고, 25CBM에 크게 미치지 못하는 소량화물의 경우에는 LCL로 처리한다.

- CT

CT는 Container Terminal의 약자로서 컨테이너 전용부두에 설치되어 있는 컨테이너 집결지를 뜻하며, 수출화물이 선적되기 전이나 수입화물이 하역되어 대기하는 장소이다. 수출입화물은 FCL이냐 LCL이냐에 따라 CT 내에 설치되어 있는 CY와 CFS에서 송하인 또는 수하인과 선박회사 간에 화물의 인수가 이루어진다.

- CY

CY는 Container Yard의 약자로서 수출 시 선박에 컨테이너를 싣기 전이나 수입 시 선박에서 내린 컨테이너를 모아두는 장소를 뜻한다. 선박회사의 입장에서 수많은 송하인 또는 수하인을 상대로 개별적으로 컨테이너를 인수하거나 인도하기가 힘들기 때문에 CY를 지정해서 송하인 또는 수하인들로 하여금 CY에서 화물을 인도하거나 인수해가도록 한다.

- CFS

CFS는 Container Freight Station의 약자로서 LCL 화물의 경우 복수의 송하인으로부터 수출화물을 인수해서 컨테이너에 적재하는 작업을 하거나, 수입화물을 컨테이너에서 하역하는 작업을 하는 장소를 뜻한다.

- ICD

Inland Container Depot 또는 Inland Clearance Depot의 약자로서 내륙

컨테이너기지 또는 내륙컨테이너 화물통관기지라고 부른다. 내륙에 위치한 컨테이너기지로서 항구나 공항과 마찬가지로 컨테이너 화물처리를 위한 시설을 갖추고 수출입화물의 통관, 화물집하, 보관, 분류, 간이보세운송, 관세환급 등 종합물류터미널로서의 기능을 다하는 지역을 뜻한다.

ICD를 이용할 경우 유통기일 축소와 물류비 절감효과는 물론 신속한 통관 및 B/L 발급을 통해서 수출대금의 조기회수가 가능하다. 현재 우리나라에는 경기도 의왕시에 의왕 ICD와 경남 양산에 양산 ICD가 운영되고 있다.

**– Storage Charge**

화물이 입고되서 출고될 때까지 보관료조로 터미널에서 화주에게 징수하는 비용

**– Demurrage Charge**

컨테이너를 정해진 기간 내에 가져가지 않을 때 선박회사가 화주에게 부과하는 비용. Bulk cargo의 경우에는 정해진 기간 내에 선적이나 하역을 하지 못해서 선박의 출항이 지연되는 경우 선박회사에서 화주에게 부과하는 체선료를 뜻함.

**– Detention Charge**

컨테이너를 정해진 기간 내에 반납하지 않을 때 지연된 반납에 대한

피해보상 명목으로 선박회사에서 화주에게 부과하는 비용

- Free Time

컨테이너를 가져가거나 반납할 때까지 별도의 비용을 부과하지 않고 허용해주는 기간

## 2) 선하증권

선하증권은 B/L(Bill of Lading)이라고 부르며, 선박회사에서 발행하는 화물인수증이다. 수출자는 물품을 선적한 후 선하증권을 발급받아서 수입자 또는 은행에 제출하고 수입자는 선하증권을 선박회사에 제출하고 물건을 인도받는다. 일반적인 무역거래 시 신용장에서 요구하는 선하증권은 다음과 같다.

① Full set of ② clean ③ on board ④ ocean bill of lading ⑤ made out to the order of New York Bank ⑥ marked freight prepaid and ⑦ notify applicant

- full set of B/L(선하증권 원본 전통)

선하증권은 이와 상환하여 화물을 인도하기로 약속하는 유가증권이므로 분실 시 화물을 인도받을 수 없다. 통상 선하증권은 분실가능성에 대비하기 위하여 세 통의 원본을 발행하며, 그중 한 통을 제시하면 나머지 두 통은 무효가 된다. 신용장에서 full set of bill of lading을 요구하는 것은 발행된 선하증권 원본 모두를 제출하라는 뜻이다.

**- clean B/L(무사고선하증권)**

선하증권의 remark란에 아무런 하자내용이 기재되지 않은 무사고선하증권을 뜻한다. 이와 반대로 운송인이 화물을 인수받았을 때 포장상태나 수량 등에 하자가 있을 경우 추후 책임을 지지 않기 위해서 remark란에 하자 내용을 기재한 선하증권을 사고선하증권(foul B/L or dirty B/L)이라고 한다.

사고선하증권은 은행에서 매입을 거절하므로 수출자는 하자내용을 보완한 후 무사고선하증권을 발급받아야 하지만, 선적기일 내에 하자보완이 불가능한 경우 선박회사에 파손화물보상장(L/I; Letter of Indemnity)을 제출하고 무사고선하증권을 교부받을 수 있다.

파손화물보상장이란 화물 인수 시 발견된 하자로 인해서 발생하는 화물의 손상에 대해서 화주가 책임을 지며 선박회사는 면책된다는 내용을 기재한 서식으로서 이 서식에 의거 파손화물에 대한 최종 보상책임은 수출자가 부담하게 된다.

**- on board B/L(본선적재선하증권)**

화물이 본선에 적재되었음을 나타내는 선하증권을 뜻한다. 화물을 부두창고나 부두장치장 등에서 인수하여 선박에 적재되기 전에 발행한 B/L은 수취선하증권(received B/L)이라고 한다.

**- ocean B/L(해상선하증권)**

해상운송 시 발행되는 선하증권으로서 국내항구 간 또는 내륙운송

시에 발행되는 선하증권과 구분하여 사용한다.

**- made out to the order of New York Bank(뉴욕은행의 지시식으로 작성)**

Consignee의 표시문언으로서, consignee(수하인)란 B/L 상에 화물의 인수자로 지정되어 있는 자를 뜻한다.

consignee는 결제방식에 따라 달라지는데, 송금방식의 경우에는 consignee란에 수입자의 상호와 주소를 기재하고, 신용장방식의 경우에는 신용장에 표시된 문구에 따라 'to order' 또는 'to order of 개설은행명'이라고 기재한다.

이와 같이 수하인을 지정하지 않고 지시식으로 표기한 선하증권을 지시식선하증권(order B/L)이라고 하고 수하인을 지정해 놓은 선하증권을 기명식선하증권(straight B/L)이라고 한다.

신용장방식의 거래에서 지시식선하증권을 사용하는 이유는 수입자가 신용장대금을 결제하지 않을 경우 개설은행에서 자체적으로 화물을 처분할 수 있도록 하기 위함이다. 즉 처음부터 consignee를 수입자로 지정해 놓으면 수입자가 신용장대금을 결제하지 않았을 때 은행에서 화물을 처리하는 데 문제가 있으므로 은행의 지시에 따르도록 하는 것이다.

**- marked freight prepaid(운임선불 표시)**

freight prepaid란 화물을 운송하기 전에 운임을 미리 지급하는 것을 뜻하며, CIF와 같이 가격에 운임이 포함된 거래조건으로 계약한 경우

B/L 상에 freight prepaid라고 표시한다.

또한 freight collect란 화물이 도착한 후에 운임을 지급하는 것을 뜻하며, FOB와 같이 가격에 운임이 포함되지 않은 거래조건으로 계약한 경우 B/L 상에 freight collect라고 표시한다.

**– notify party(통지인)**

통지인이란 운송인이 화물의 도착을 통지해주는 상대방으로서 통상적으로 신용장개설의뢰인(applicant)인 수입자를 통지인으로 지정한다.

한편 신용장에 명시된 제시기한이 경과한 B/L을 Stale B/L이라고 하며 은행에서 수리하지 않는다. 신용장에 제시기한이 명시되어 있지 않으면 선적일로부터 21일이 경과한 B/L을 Stale B/L로 간주한다.

또한 서류보다 물건이 먼저 도착하는 인접국가 간의 거래나 중계무역과 같은 특수한 상황에서는 다음과 같은 방식을 활용한다.

**– Surrendered B/L**

Surrendered B/L이란 original B/L의 발행을 포기하거나 반납함으로써 수하인이 original B/L 없이 화물을 찾을 수 있도록 하는 것이다.

B/L을 surrender하기 위해서는 shipper가 운송인으로부터 발급받은 original B/L에 배서한 후 반납하거나, original B/L이 발행되기 전에 별도의 요청서를 제출하여 original B/L 발행을 포기한다.

surrender된 B/L은 전면 하단부에 "SURRENDERED"라는 스탬프가

찍혀있다. 선적지의 운송인은 별도의 메시지를 통해서 B/L이 surrender 되었음을 도착지의 운송인에게 통보하고, 수하인은 shipper로부터 B/L 사본을 전달받아 운송사에 제출하고 화물을 인수한다.

Surrendered B/L은 우리나라와 중국, 일본, 대만 등과 같은 인접국가 간의 무역거래에서 선적서류보다 화물이 먼저 도착할 경우, original B/L이 도착하기 전에 화물을 인수할 수 있도록 고안된 방식으로서, 물품 대금 전액이 사전에 송금되고 물품이 선적되는 경우에 주로 활용된다.

**– Switch B/L**

중계무역에 이용되는 방식으로서 중계무역상이 수입자에게 원수출자가 노출되는 것을 원하지 않을 때 선적지에서 발행된 original B/L을 운송사에 반납하거나 original B/L의 발행을 surrender하고 shipper를 중계무역상으로 교체하여 새로운 B/L을 발급받는 것을 뜻한다.

Switch B/L 방식을 활용하기 위해서는 최종수입자와 CIF와 같이 운임이 가격에 포함된 거래조건으로 계약하고, 사전에 포워더와 새로운 B/L의 발행이 가능한지를 확인해두어야 한다.

**– Third Party B/L**

B/L 상의 shipper가 계약당사자인 수출자 대신 제3자가 되는 것으로 주로 중계무역에서 사용된다. 예를 들어 한국의 중계무역상이 중국의 공급자로부터 물건을 구입하여 미국으로 직접 선적토록 하는 경우 중국 공급자를 shipper로 하여 발행된 B/L을 Third Party B/L이라고 한다.

### 3) 항공화물운송장(AWB; Air Waybill)

항공화물운송장은 항공으로 화물을 운송할 경우 항공사 또는 항공화물운송대리점에서 발행하는 항공화물수령증이다. 선하증권은 유가증권으로서 유통이 가능한 반면에 항공운송장은 화물의 수령을 증명하는 영수증에 불과하며 유통이 불가능하다.

항공운송장은 기명식으로만 발행되며, 항공운송장 상에 명시된 consignee에게 화물이 인도되는 순간 효력이 소멸된다. 항공화물운송장은 3장의 원본이 발행되며, 제1원본(녹색)은 운송인용, 제2원본(적색)은 수하인용, 제3원본(청색)은 송화인용이다.

신용장방식으로 거래하는 경우 AWB 상의 consignee가 개설은행으로 명시되기 때문에 수입자가 항공사로부터 화물을 인수하기 위해서는 개설은행의 승낙이 필요하다. 이와 같은 취지로 발행되는 것이 항공수입화물 인도승낙서이며, 수입자는 개설은행으로부터 항공수입화물 인도승낙서를 발급받아서 항공사에 제출하고 화물을 인수한다.

**선하증권과 항공화물운송장의 차이점**

| 구분 | 선하증권 | 항공화물운송장 |
|---|---|---|
| 유가증권 여부 | 유가증권 | 유가증권이 아닌 화물수취증 |
| 양도 가능 여부 | 양도 가능(negotiable) | 양도 불가능(non-negotiable) |
| 발행시기 | 일반적으로 선적 후 | 창고 반입 후 |
| 수하인 | 대부분 지시식 | 기명식 |
| 작성자 | 선박회사 | 송하인이 작성하는 것이 원칙이나 보통 항공사나 항공사의 대리점이 작성 |

### 4) 기타

**– Partial Shipment(분할선적)**

물품을 한꺼번에 싣지 않고 두 차례 이상 나누어 싣는 것으로서 공급자의 재고부족이나 수입자의 판매계획에 따라 여러 차례에 나누어 선적하는 것이 바람직할 때 허용된다.

**– Transshipment(환적)**

물품을 선적항에서 도착항까지 같은 선박으로 운송하지 않고 중간기착지에서 다른 선박에 옮겨 싣는 것. 목적지까지 항해하는 선박이 없거나 있더라도 자주 운항하지 않을 때 수입자의 동의하에 환적이 이루어진다. 단 feeder선을 이용하는 것은 환적으로 보지 않으며, 선적항의 선명과 하역항의 선명이 다른 경우는 환적으로 본다.

**– ETD와 ETA**

ETD는 Estimated Time of Departure의 약자로서 예상출발일자를 뜻하며, ETA는 Estimated Time of Arrival의 약자로서 예상도착일자를 뜻한다.

**– 수입화물선취보증서(L/G; Letter of Guarantee)**

수입화물선취보증서란 수입자와 신용장개설은행이 연대하여 선박회사에 선하증권 원본이 도착 되는대로 이를 제출할 것과 선하증권 원본 없이 물품을 인도 받는 데 따른 모든 문제에 대해서 선박회사에게 책임을 지우지 않겠다고 보증하는 서류이다.

우리나라와 일본, 대만, 중국 등과 같은 인접국가의 거래처와 신용장방식으로 거래하면 화물은 2~3일이면 도착하는 반면에 B/L 원본은 이보다 늦게 개설은행에 도착할 가능성이 높다. 따라서 수입자의 입장에서는 이미 화물이 도착했는데도 불구하고 B/L 원본이 도착하지 않아서 화물을 인수할 수 없는 문제에 봉착하게 된다.

이런 경우 수입자는 선박회사에 수입화물선취보증서를 제출하고 화물을 인수한다.

## 3. 적하보험

보험의 조건은 크게 구약관과 신약관으로 나누어지며 구약관에는 FPA(Free From Particular), WA(With Average), A/R(All Risks)과 같은 세 가지 조건이 있고 신약관에는 ICC(A), ICC(B), ICC(C) 등과 같은 세 가지 조건이 있다.

통상적으로 신약관이 나오면 구약관은 사용하지 말아야 하는데 적하보험의 경우에는 아직까지 구약관과 신약관이 같이 사용되고 있다. 간단하게 구약관의 FPA가 신약관의 ICC(C)와 유사하고, WA가 ICC(B)와 유사하며, A/R은 ICC(A)와 유사하다고 이해하면 된다.

A/R은 All Risk의 약어로서 모든 위험을 보상해준다는 뜻으로 해석할 수 있으나 보험의 특성상 보험사의 책임이 면해지는 예외조항들이 많아서 A/R 또는 이와 유사한 ICC(A) 조건으로 가입해도 보상받을 수

없는 경우가 발생한다. 이런 문제를 해결하기 위해서 예외조항 중에서 중요한 몇 가지 조항들을 추가하여 보험을 드는 것이 일반적이다. 통상적으로 War Clause, SRCC(Strike, Riot, Civil Commotion) Clause 등을 주로 추가한다.

결론적으로 일반적인 무역거래에서는 주로 A/R 또는 ICC(A) 조건으로 가입하면서 War Clause, SRCC Clause를 추가한다고 정리할 수 있다.

## 4. 수출보험

수출을 하려면 다양한 위험에 노출되기 마련이다. 운송 도중 물건이 분실되거나 파손될 수도 있고 수출대금을 받지 못할 수도 있으며 환율이 하락하여 손해를 볼 수도 있다. 이와 같은 다양한 위험 중에서 운송 도중 발생하는 물건의 분실이나 파손에 대해서는 적하보험에 가입함으로써 손해를 보상받을 수 있으며 수출대금을 못 받거나 환율하락으로 인한 손해는 수출보험에 가입함으로써 보상받을 수 있는 길이 열려 있다.

일반손해보험회사에서 취급하는 적하보험과는 달리 수출보험은 수출을 지원해주기 위한 일종의 정책보험 때문에 한국무역보험공사에서만 취급한다. 수출보험의 혜택을 받으려면 수출보험에 가입해야 하는데 수출대금을 못 받을 경우 보상해주는 단기 또는 중장기수출보험에 가입하기 위해서는 한국무역보험공사의 사전 심사를 받아야 한다.

한국무역보험공사에서는 바이어의 신용이 의심스러운 경우 보험가입을 거부할 수 있다. 또한 수출보험의 가입을 받아들이는 경우에도 바이어의 신용도와 결제조건 등에 따라 보험료를 차등적으로 부과한다.

환변동보험은 수출자에게 일정환율을 보장해 준 후 수출대금 입금 또는 결제시점 환율과 비교하여 환차손이 발생하면 보상해주고 환차익이 발생하면 환수하는 방식으로 운영된다.

수출보험과 관련한 보다 자세한 내용은 한국무역보험공사 웹사이트(www.ksure.or.kr)에서 확인할 수 있다.

한국무역보험공사에서는 수입자가 선급금을 지급하고 회수하지 못했을 때 손실을 보상해주는 수입보험도 운영하고 있으나 철, 동, 아연, 석탄, 원유 등의 자원이나 시설재, 첨단제품, 외화획득용 원료 등을 수입할 때만 제한적으로 운영하고 있어서 일반상품의 경우에는 수입보험의 혜택을 받을 수 없다.

## 5. 무역클레임의 해결방안

### 1) 무역클레임의 정의

무역클레임이란 무역계약의 당사자 중 한쪽에서 계약을 이행하지 않음으로 해서 발생하는 손해를 보상받기 위해서 피해자가 손해배상을 청구하는 권리 또는 그와 같은 권리를 행사하는 것을 뜻한다.

무역클레임은 다양한 계약조건을 대상으로 제기되지만 가장 대표적인 것이 수출자가 선적한 물품의 품질이나 수량에 이상이 있는 경우다. 수입자의 입장에서 물품이 도착하면 가급적 빨리 물품을 검사해서 이상이 있으면 즉시 수출자에게 통지하고 손해배상을 청구해야 한다.

무역클레임의 제기기간은 나라마다 다르고 애매하게 규정되어 있는 경우가 많으므로 중요한 무역거래에 대한 계약을 체결할 때는 별도로 명시해두는 것이 좋다.

### 2) 무역클레임의 해결방안

일단 무역클레임이 발생하면 당사자 간에 우호적으로 해결하는 것이 바람직하다. 클레임을 우호적으로 해결함으로써 향후 지속적인 거래관계 유지가 가능하기 때문이다. 그러기 위해서는 피해자가 손해배상 청구권을 포기하거나 당사자 간의 협의를 통해서 화해를 해야 한다.

당사자 간의 원만한 해결이 이루어지지 않으면 제3자의 개입에 의해서 클레임을 해결할 수밖에 없다. 제3자의 개입에 의한 해결방법으로는 알선, 조정, 중재, 소송 등이 있으며, 주요 내용은 다음과 같다.

#### – 알선(Intermediation)

알선이란 당사자의 일방 또는 쌍방의 의뢰에 따라 상공회의소, 상사중재원 등과 같은 기관에서 타협안을 제시함으로써 클레임을 해결하는 방법이다. 알선에 의해서 클레임을 해결하면 당사자 간의 비밀이 보장되고 거래관계를 지속시킬 수 있다는 장점이 있으나, 당사자 쌍방이 알선자가 제시한 타협안을 받아들이지 않으면 클레임을 해결할 수 없다는 문제가 있다.

**- 조정(Conciliation)**

조정이란 당사자 쌍방의 조정합의에 따라 공정한 제3자를 조정인으로 선임하여 분쟁해결방안을 제시해줄 것을 요청하고, 조정인이 제시하는 조정안에 쌍방이 동의함으로써 클레임을 해결하는 방법이다. 당사자 쌍방이 조정안에 동의함으로써 조정이 성립되면 중재판정과 동일한 효력이 발생하여 강제력이 있으나, 당사자 중 일방이라도 조정안에 동의하지 않으면 조정이 성립되지 않는다는 문제가 있다.

**- 중재(Arbitration)**

중재란 당사자 쌍방의 중재합의에 의하여 공정한 제3자를 중재인으로 선정하고, 중재인이 내린 중재판정에 무조건 복종함으로써 분쟁을 해결하는 방법이다. 중재판정의 효력은 법원의 확정판결과 동일하며, 외국에서도 강제집행이 보장되어 자국에서만 효력이 보장되는 소송보다 효력의 범위가 더 넓다.

**- 소송(Litigation)**

사법기관의 판결에 의하여 무역클레임을 강제적으로 해결하는 방법이다.

## 6. 상사중재

### 1) 상사중재의 의의

무역분쟁이 발생했을 때 당사자 간의 원만한 해결이나 알선이나 조정과 같은 제3자 개입에 의한 해결에도 실패하면 최종적으로 소송 또는 중재를 통해서 강제적으로 문제를 해결할 수밖에 없다. 소송은 사법기관의 판결에 따르는 것이고 중재는 민간인인 중재인의 판정에 따르는 것으로서 피해자의 입장에서 보았을 때 소송보다는 중재를 통해서 문제를 해결하는 것이 훨씬 유리하다. 소송과 비교했을 때 중재의 장점은 다음과 같다.

**– 신속한 해결**

대부분의 나라에서 삼심제가 적용되는 소송보다 단심제로 운영되는 중재를 통해서 보다 신속한 해결이 가능하다.

**– 적은 비용**

중재는 절차가 간단하고 변호사를 고용할 필요가 없기 때문에 소송을 통해서 문제를 해결하는 것보다 적은 비용으로 문제를 해결할 수 있다.

**– 외국에서의 강제집행**

소송은 당사국에서만 강제집행이 가능하지만 중재는 뉴욕협약에 의거 상대국(뉴욕협약에 가입한 경우)에서도 강제집행이 보장된다.

이밖에도 국제무역법, 무역관습 및 무역실무에 정통한 무역전문가가 중재에 참여함으로써 공정한 해결을 도모할 수 있고, 중재절차가 비공개로 이루어짐에 따라 당사자의 영업상 비밀을 유지할 수 있다는 등의 장점이 있다.

### 2) 중재합의

무역클레임을 중재로 해결하기 위해서는 당사자 쌍방이 분쟁발생 시 소송에 의하지 않고 중재인의 판정에 따른다는 내용의 중재합의를 해야 한다. 중재합의는 분쟁이 발생한 후에 할 수도 있으나 일단 분쟁이 발생하면 문제를 일으킨 측에서 중재합의에 동의하지 않을 가능성이 높으므로 사전에 다음과 같은 내용으로 중재합의를 해두는 것이 좋다.

All disputes, controversies or differences which may arise between the parties, out of or in relation to or in connection with this contract, or for the breach thereof, shall be finally settled by arbitration in Seoul, Korea in accordance with The Arbitration Rules of The Korean Commercial Arbitration Board and under the Laws of Korea.
The award rendered by the arbitrator(s) shall be final and binding upon both parties concerned.

중재합의는 서면으로 이루어져야 하며, 중재지, 중재기관, 준거법 등의 3요소를 포함해야 한다.

우리나라의 중재기관으로는 대한상사중재원이 있으며 중재와 관련한 보다 자세한 내용은 대한상사중재원 웹사이트(www.kcab.or.kr)에서 확인할 수 있다.

> 금액이 크지 않은 일반적인 무역거래의 경우 가격이나 결제방식과 같은 간단한 계약조건만을 명시한 proforma invoice나 purchase order만으로 거래를 진행하는 것이 일반적이기 때문에 실제로 분쟁이 발생했을 때 소송이나 중재와 같은 절차를 통해서 문제를 해결하기가 쉽지 않다. 따라서 금액이 크지 않은 무역거래 시엔 가급적 분쟁이 발생하지 않도록 사전에 예방하는 것이 중요하며 일단 분쟁이 발생하면 상대방을 설득해서 피해를 최소화시키는 선에서 합의하는 것이 바람직하다. 반면에 금액이 크거나 장기계약의 경우에는 가급적 계약서에 중재조항을 포함시켜서 분쟁발생 시에 소송보다는 중재로 문제를 해결하는 것이 바람직하다.

## 7. 관세환급

관세환급이란 수입 시 납부했던 관세를 돌려주는 것이다. 관세환급 시에는 관세뿐만 아니라 수입 시 납부한 모든 세금을 돌려준다. 수입 시 납부한 모든 세금에는 개별소비세, 주세, 교육세, 부가가치세 등이 포함되지만 부가가치세는 부가가치세 신고 시 자동적으로 환급되므로 관세환급 시에는 부가가치세를 제외한 나머지 모든 세금을 돌려주게 된다.

관세환급의 종류에는 착오로 더 많이 징수한 관세를 돌려주는 과오납환급, 계약내용과 상이한 물품 등에 대한 관세환급 및 환급특례법에 의한 수출용원재료에 대한 환급 등이 있다. 일반적으로 관세환급이라고 하면 수출용원재료에 대한 환급을 뜻하며 그 주된 내용은 다음과 같다.

### 1) 환급조건

환급대상이 되기 위해서는 원재료의 수입신고수리일로부터 2년 이내에 제조·가공하여 제품을 생산한 후 수출한 날로부터 2년 이내에 환급을 신청하여야 한다.

관세환급을 받을 수 있는 수출용원재료라 함은 당해 수출품을 형성하거나 수출품을 형성하는 데 소비되는 것으로서 그 소요량을 객관적으로 산출할 수 있는 원재료를 뜻한다. 따라서 수출품의 생산에 사용되는 기계 및 설비, 공구, 금형, 연료 등은 수출용원재료에 해당되지 않는다.

수출용원재료는 수입 시 관세를 납부한 물품이라면 물품대금을 지급하는 유환수입물품은 물론 물품대금을 지급하지 않고 수입되는 무환수입물품까지도 환급대상이 될 수 있다.

또한 우리나라에서 제조·가공하지 않고 수입된 상태 그대로 수출한 경우에도 수입 시에 납부한 관세를 환급받을 수 있다.

### 2) 환급방법

관세환급금의 산출방법은 개별환급과 정액환급으로 나누어진다.

**– 개별환급**

개별환급이란 수출품을 제조·가공할 때 사용한 원재료의 수입 시 납부한 관세 등의 세액을 사용한 원재료별로 확인·계산하여 환급금을 산출하는 방식을 뜻한다.

개별환급방식은 수출품을 생산하는 데 어떤 원재료가 얼마만큼 사용되었으며 해당 원료를 수입할 때 납부한 관세가 얼마인지를 일일이 확인해서 환급금을 계산하므로 환급금액을 정확하게 산출할 수 있다는 장점이 있으나, 구비서류가 복잡하고 환급금 산출에 많은 시간이 소용된다는 문제점이 있다. 대부분의 관세환급은 개별환급방식으로 이루어진다.

**– 간이정액환급**

간이정액환급이란 수출품목별로 환급해줄 금액을 미리 정하여 간이정액환급율표를 작성해 놓고 해당물품을 수출하고 수출신고필증만 제시하면 소요원재료별 납부세액을 일일이 계산하지 않고 간이정액환급율표에 기재된 환급금액을 그대로 환급해주는 방식이다.

간이정액환급제도는 중소기업체가 간편하게 관세환급을 받을 수 있도록 운영하는 제도로서 환급금 계산이나 관세납부와 관련한 복잡한 절차나 서류의 구비 없이 간편하게 관세환급을 받을 수 있다는 장점이 있으나, 개별환급방식에 비해 환급금이 적을 수 있고 간이정액환급율표에 기재된 품목이 많지 않다는 문제점이 있다.

수출업체의 입장에서 간이정액환급방식에 의한 환급금액이 개별환급방식에 의한 환급액보다 적은 경우에는 정액환급 비적용신청을 할 수 있다. 비적용승인을 받은 수출업체는 간이정액환급율표에 기재된 모든 품목에 대하여 적용이 배제되고 품목별 선별 비적용은 인정되지 않는다.

개별환급방식으로 관세를 환급받기 위해서는 준비해야 되는 서류도 많고 환급절차도 복잡하다. 하지만 관세환급과 관련한 모든 업무는 관세사가 처리해주므로 걱정할 필요는 없다. 다만 수출자로서는 관세를 환급받을 수 있다는 사실을 기억하고 수출원가에 반영함으로써 가격경쟁력을 확보하는 데 만전을 기할 필요가 있다.

## 8. 무역금융

무역금융이란 무역거래에 필요한 각종 자금을 융자해주는 것을 뜻하며, 주요 무역금융의 내용은 다음과 같다.

### 1) 신용장기준금융

수출신용장, 수출계약서 및 내국신용장 등을 기준으로 생산자금, 원자재구입자금, 완제품구매자금 등을 융자해 준다.

### 2) 실적기준금융

과거 1년간 수출실적을 기준으로 생산자금, 원자재구입자금, 완제품

구매자금 등을 융자해 준다.

### 3) 포괄금융

자금용도 구분 없이 업체별로 한도를 산정하여 융자하며, 수출신용장기준 포괄금융과 실적기준 포괄금융으로 나누어진다.

### 4) 무역어음

수출신용장, 수출계약서, 외화표시 물품공급계약서 및 내국신용장 결제조건부 수출계약서 또는 과거수출실적을 근거로 발행된 어음으로서 은행, 종합금융회사 등 금융기관이 동 어음을 인수, 할인 및 매출함으로써 수출업체가 수출품 생산에 소요되는 자금을 조달할 수 있도록 한다.

# 제4장

## 업종별 창업실무 수출

# 무엇을 수출할 것인가?

무역에 관심 있는 사람들이 창업을 결심할 때 가장 먼저 떠올리는 것이 우리나라 제품을 외국에 수출하고 마진을 챙기는 것이다. 우리나라 제품을 외국에 수출하면 국가를 위해서도 좋은 일이고 성취감 또한 높아서 누구나 한 번쯤 꿈꾸는 일이 아닐 수 없다.

문제는 국내에서 생산되는 물건 중에 해외시장에서 경쟁력이 있는 물건을 찾기가 쉽지 않고 설사 그런 물건을 찾는다 하더라도 해당 물건을 공급해줄 국내업체로부터 물건을 확보하기가 쉽지 않으며 무엇보다도 해외바이어를 개발해서 오더를 성사시키는 것이 생각처럼 쉽지 않다는 것이다.

수출할 아이템을 정하는 데는 세 가지 방법이 있다. 첫째, 수출할 아이템을 먼저 정한 다음에 공급업체와 해외바이어를 찾아서 오더를 성사시키는 방법, 둘째, 공급업체를 먼저 확보해서 해당 업체가 공급하는 아이템의 해외바이어를 찾아서 오더를 성사시키는 방법, 셋째, 먼저 해외바이어를 확보해서 해당 바이어가 사고자 하는 아이템을 공급해줄 업체를 찾아내서 오더를 성사시키는 방법이다.

위에 언급한 세 가지 방법 중에서 오더를 성사시킬 수 있는 확률 면에서 따져보면 세 번째 방법이 가장 높고 첫 번째 방법이 가장 힘든 경우에 속한다. 따라서 처음 수출에 입문할 때 자신의 연고를 총동원해서 수입할 물건을 찾고 있는 해외바이어를 확보할 수 있는지부터 확인해볼 필요가 있다. 그것이 여의치 않다면 공급업체를 먼저 확보해서 해당 업체에서 공급하는 아이템의 해외바이어를 찾는 식으로 접근할 수도 있다.

문제는 해외바이어나 공급업체를 확보하는 데 실패해서 스스로 아이템을 찾아야 하는 경우다. 이 세상에 존재하는 하고많은 아이템 중에서 어떤 아이템을 가지고 시작할 것인가? 어떤 아이템을 취급하느냐에 따라서 성패가 갈릴 수도 있기 때문에 창업자의 고민은 깊어질 수밖에 없다.

과연 성공으로 이끌 아이템은 어떻게 개발할 것인가? 이런 물음에 대한 정답은 없다. 똑같은 아이템을 가지고 시작했는데 어떤 사람은 성공하기도 하고 어떤 사람은 실패하기도 한다. 언제 시작했느냐에 따라서 똑같은 아이템을 가지고 시작한 사람들의 성패가 갈리기도 한다. 따라서 단정적으로 특정 아이템을 거론하기보다는 상식선에서 성공가능성이 높은 아이템을 찾아보는 것이 바람직하다.

우선 개인무역업자가 수출할 아이템을 정하기 전에 몇 가지 확인해야 할 것들이 있다. 첫째, 거래규모가 자신의 자본동원능력이나 리스크·관리범위를 넘어서는 것(예를 들어 플랜트설비나 선박 등)은 피하는 것이 좋다. 거래가 성사되더라도 한 방에 무너질 수 있는 위험이 상존하기 때문이다. 둘째, 물건 값에 비해서 지나치게 부피가 크거나 무게가 많이 나가는 제품은 운송비를 비롯한 부대비용을 반영해서 가격경쟁력을 따져보아야 한다. 셋째, 거래당사국 정부에 의해서 수출입거래가 제한되는지 여부를 확인해야 한다.

수출아이템을 정할 때 위에 언급한 사항 말고도 반드시 고려해야 할 것이 있다. 바로 해당 아이템을 공급할 업체를 확보할 수 있느냐 하는 것이다. 제조업을 겸하지 않는 한 아무리 좋은 아이템을 찾았다고 하더라도 해당 아이템을 공급해줄 업체를 확보하지 못한다면 아무 소용이 없다. 이상 살펴 본 내용을 바탕으로 수출아이템을 확보하기 위한 방안을 생각해 보자.

# 수출아이템을 확보하기 위한 7가지 방안

## 1. 중소기업 제품을 노려라

일단 대기업제품은 잊어버리는 것이 좋다. 대기업들은 자체적으로 해외시장을 개척하기 때문에 특별한 경우를 제외하고는 개인무역업자가 대기업제품을 수출할 기회를 잡는다는 것은 불가능에 가깝다.

그렇다고 중소기업제품이라고 해서 만만히 볼 수 있는 건 아니다. 요즘엔 무역관련기관이나 지자체, 중소기업청 등에서 중소기업의 해외시장 개척을 지원해주는 다양한 수출지원제도를 운영하고 있어서 마음만 먹으면 중소기업에서도 자체적으로 해외시장을 개척할 수 있는 여건이 마련되어 있다.

하지만 어디에나 빈 틈은 있기 마련이다. 아무리 수출지원제도가 잘되어 있다고 하더라도 결국은 중소기업에서 자체적으로 해외시장을 개척해서 오더를 받아야 하는데 문제는 인력이다. 구직난의 시대라고는 하지만 중소기업에서 해외시장을 독자적으로 개척할 만한 인재를 구하기는 쉽지 않다.

특히 이제 막 시작하는 기업이나 사업의 규모가 크지 않은 중소기업에서 수출을 담당할 직원을 따로 두는 것은 쉬운 일이 아니다. 문제는 이런 업체일수록 숨어있을 확률이 높아서 찾기가 힘들다는 것이며 그보다 더 큰 문제는 이런 업체 중에서 수출경쟁력이 있는 보석을 찾는 것은 그야말로 하늘에 별 따기라는 것이다.

결론적으로 세상에 잘 알려져 있지 않은 중소기업 중에서 수출경쟁력은 있으나 자체적으로 해외시장을 개척할 여력이 없는 업체를 찾아낼 수만 있다면 아이템에 대한 고민을 떨쳐버릴 수 있다. 과연 그런 업체를 어떻게 찾아낸단 말인가?

위에 언급한 조건을 완벽하게 충족시키는 업체를 공식적으로 확인할 수 있는 방법은 없다. 일단 각자의 연고나 정보망을 총동원해서 찾아보되 여의치 않을 경우를 대비해서 몇 가지 방법을 공개하면 다음과 같다.

우선 경제신문을 활용하는 방법이다. 인터넷으로 기사를 검색하는 것보다는 지면을 통해서 기사를 검색하는 것이 효과적이다. 경제신문을 자세히 살펴보면 신제품을 개발했거나 새로운 아이디어를 장착한 제품을 개발한 업체들에 관한 기사를 접할 수 있다. 그런 기사에 등장한 업체를 접촉해서 수출가능성을 타진해 볼 수 있다.

지방자치단체나 관련기관을 통해서도 숨어 있는 업체를 찾아낼 수 있다. 지방자치단체 또는 관련단체 중에는 해당 지역 또는 단체에 속한 업체 중에서 국내외 시장에서 판로를 개척하고자 하는 업체에 관한 정보를 소개하는 프로그램을 운영하는 곳이 있다. 예를 들어 중소기업진흥공단이나 서울산업통산진흥원에서는 주기적으로 경제신문 지상을 통해서 판로개척을 희망하는 중소기업 제품을 소개하고 있다.

이밖에도 국내에서 개최되는 전시회에 출품한 업체들을 상대로 수출 가능성을 타진해 볼 수도 있다. 물론 이상 소개한 방법을 동원한다고 해서 개인무역업자가 원하는 완벽한 조건을 갖춘 중소기업을 찾는다는 보장은 없다. 설사 그런 업체를 찾는다 하더라도 해당 업체에서 선뜻 수출에 동의하지 않을 수도 있고, 막상 해외시장을 개척해보면 별다른 성과를 거두지 못하고 중도에 포기해야 하는 경우도 생긴다. 따라서 수출아이템을 찾을 때는 시야를 넓혀서 좀 더 다양한 아이템을 검토할 필요가 있다.

## 2. 전문지식이 없는 아이템에도 도전하라

수출아이템을 고를 때 자신이 잘 아는 아이템에 국한해서 찾다보면 경쟁력 있는 아이템을 찾기가 힘들어질 수 있다. 일상생활에서 흔히 접하는 잡화나 일반상품의 경우 세계시장에서 경쟁력이 있는 국산제품을 찾기가 점점 힘들어지기 때문이다.

따라서 자신의 전공이나 상품지식과는 상관없이 좀 더 다양한 아이템을 검토할 필요가 있다. 자신이 잘 알지도 못하는 아이템을 수출하는 것에 대해서 두려움을 가질 수도 있지만 크게 걱정할 일은 아니다. 자신이 직접 해당 아이템을 개발하고 제조한다면 해당 아이템에 대한 전문적인 지식이 있어야 하지만 다른 사람이 개발하고 만들어 놓은 물건을 수출하는 것은 해당 아이템에 대한 전문적인 지식이 없더라도 가능하다. 상담과정에서 제기되는 문제는 제조업체의 자문을 구해서 처리하면 된다.

장기적으로 수출경쟁력을 확보하려면 경쟁이 치열한 일반상품 쪽에만 관심을 두기보다는 기술력이 뒷받침되고 차별화가 가능한 IT나 바이오, 기계, 부품 쪽에도 관심을 기울이는 것이 바람직하다.

### 3. 눈에 보이지 않는 상품에 주목하라

여기서 눈에 보이지 않는다는 것에는 두 가지 뜻이 있다. 형체는 있으나 일상생활을 할 때 잘 눈에 띄지 않는 것과 아예 형체가 없는 무형의 상품을 뜻한다. 각종 원료나 소재, 부품, 기계설비 등과 같은 아이템이 전자에 속하고 소프트웨어, 콘텐츠, 게임, 드라마, 영화 같은 것들이 후자에 속한다.

이와 같은 아이템 또한 신규시장을 개척하는 것이 쉬운 일이 아니지만 해당 아이템에 특별한 연고가 있거나 국내외 인맥을 활용할 수 있다면 도전해볼 만하다. 특히 원료나 소재, 부품의 경우 첫 거래를 뚫기가 어려운 반면에 한 번 거래관계를 맺으면 장기적으로 안정적인 수입을 기대할 수 있다는 장점이 있다.

또한 소프트웨어, 콘텐츠, 게임 등의 경우 향후 시장규모가 지속적으로 확대될 것으로 예상되므로 경쟁력 있는 공급업체를 확보할 수 있다면 충분한 승산이 있는 분야다.

### 4. 한류를 이용하라

전 세계에 걸쳐 불고 있는 한류를 최대한 활용하여 지역별로 특화된 한류상품을 가지고 도전한다면 좋은 결과를 기대할 수 있다. 의류, 가방, 액세서리, 화장품, 잡화, 기념품 등 다양한 상품 중에서 한류를 활용할 수 있는 아이템을 개발해볼 필요가 있다.

한류상품을 개발할 때는 특정 인물에 상관없이 한국의 이미지를 상품화할 수도 있고, 현지에서 인기가 있는 특정 인물과 관련된 상품을 개발할 수도 있다. 전자보다는 후자가 단기간에 매출을 올리는 데는 유리하지만 해당 인물에 문제가 생길 경우 큰 손해를 감수해야 한다.

또한 한류상품의 경우 특정인물의 소속사와 상표권 등 권리소유자와의 계약관계, 동일 시장에 경쟁상품이 팔리고 있는지 여부, 디자인이나 상표명이 현지법이나 관습에 문제되는 것은 없는지 등을 면밀히 검토해서 개발여부를 결정해야 한다.

### 5. FTA를 활용하라

전 세계의 내로라하는 업체들과 경쟁을 해야 하는 해외시장에서 우리나라와 FTA가 체결된 국가에서는 우리나라 제품의 가격경쟁력이 상대적으로 높아질 수 있다. 다른 나라보다 수입관세율에서 혜택을 입게 되므로 똑같은 가격으로 수출하더라도 우리나라 제품의 가격경쟁력이 생기기 때문이다.

따라서 이왕이면 우리나라와 이미 FTA를 체결했거나 앞으로 체결할 국가의 시장을 개척하는 데 관심을 기울일 필요가 있다. FTA와 관련된 주요한 사항은 정부에서 운영하는 FTA 포털사이트(www.fta.go.kr)를 통해서 확인할 수 있다.

## 6. 중고품에도 관심을 가져라

앞서 대기업제품은 수출할 수 없다고 했는데 대기업 유명제품을 수출할 수 있는 방법이 있다. 바로 중고품을 수출하는 것이다. 중고자동차나 휴대폰을 수출하는 것이 대표적인 방법이다. 국내에서도 날이 갈수록 중고품 시장이 커지듯이 전 세계적으로 자동차, 휴대폰뿐만 아니라 의류나 기계류에 이르기까지 중고품 시장은 전 세계적으로 늘어날 것으로 예상된다. 따라서 중고품 쪽에도 관심을 갖고 수출가능성을 검토해볼 만하다.

## 7. 다른 나라 물건도 수출할 수 있다

수출할 물건을 굳이 국내에서만 찾을 필요는 없다. 전 세계에서 생산되는 물건 중에서 해외시장에서 팔릴만한 물건이 있으면 구입해서 전 세계시장으로 수출하면 된다. 회사가 경상도에 있다고 해서 경상도 물건만 팔 수 있는 것이 아니라 전라도에서 생산된 물건을 사다가 충청도에 팔 수 있는 것처럼 이제는 전 세계가 경제적으로 한 울타리에 있기 때문에 굳이 우리나라에서 생산되는 물건에 국한해서 수출아이템을 찾을 필요는 없다.

물론 외국 물건을 또 다른 외국에 판다는 것이 쉬운 일은 아니다. 아무리 경제적으로 국경이 허물어졌다고 해도 이왕이면 같은 나라 사람들끼리 일하는 것을 선호하기 마련이어서 외국의 공급업체를 확보하는 것이 생각처럼 쉽지는 않다. 하지만 아직도 전 세계에 수많은 공급업체 중에는 수출을 하고 싶어도 방법을 몰라서 엄두를 못내는 업체들이 많이 있다.

아직 무역마인드가 확고하게 자리 잡지 않은 저개발국은 물론 유럽이나 미국과 같은 선진국에도 세계시장을 개척할 엄두를 못내는 중소기업들이 수두룩하다. 만일 그런 기업들 중에서 수출경쟁력을 갖춘 기업을 발굴해낼 수만 있다면 누이 좋고 매부 좋은 식으로 서로 윈윈할 수 있는 결과를 기대할 수 있다.

# 공급업체를 어떻게 확보할 것인가?

수출을 하기 위해서는 유망 아이템을 확보하는 것 못지않게 해당 아이템을 공급하는 업체를 확보하는 것이 중요하다. 아무리 좋은 아이템이라도 공급업체를 확보하지 못한다면 그림의 떡이 될 수밖에 없다.

공급업체를 확보할 수 있는 특별한 비결이나 지름길은 없다. 국내공급업체라면 인터넷이나 관련기관, 경제신문 등을 통해서 알아보거나 정 찾아낼 수 없다면 실제로 물건이 소비되는 현장을 역추적해서 공급업체를 찾을 수밖에 없다.

해외공급업체는 주로 인터넷에 의존해서 찾게 되지만 인터넷에서 쉽게 찾을 수 없는 숨어있는 기업 중에서도 알짜배기 업체가 있을 수 있으므로 국내외 무역관련기관을 활용한다든지 현지 유통경로를 역추적해서 찾아내는 등의 노력을 기울여야 한다.

수출경쟁력이 있는 공급업체를 찾아낸다고 해서 일이 끝나는 것은 아니다. 해당 업체를 설득해서 수출에 대한 동의를 받아내는 것이 중요하다. 공급업체 중에서는 이미 다른 경로를 통해서 해외시장에 물건을 팔고 있는 경우도 있고 해외시장에는 관심이 없는 경우도 있을 수 있다. 그런 업체들을 설득해서 해외시장에 물건을 파는 데 대한 동의를 받아내는 것이 쉬운 일이 아니다.

가급적이면 전체 해외시장에 대해서 독점적으로 수출할 수 있는 권리를 부여받으면 좋지만 처음부터 독점권을 부여하는 것에 대해서 거부감을 가지고 있다면 지역별, 국가별로 또는 업체별로라도 시한을 정해서 독점적인 권리를 확보하는 것이 바람직하다.

독점에 대한 아무런 협의 없이 해외시장에 진출했다가 다른 업체들이 같은 물건을 가지고 시장에 진출하면 같은 회사 물건을 가지고 복수의 수출업체가 경쟁을 해야 하는 문제가 발생할 수도 있다. 따라서 최소한 특정국가 또는 특정바이어에 국한해서라도 독점적인 지위를 부여받을 수 있도록 합의해두는 것이 좋다.

다만 공급업체에서 끝까지 독점수출권을 부여하는 것을 꺼린다면 일단 독점권이 보장되지 않은 상태로라도 오더를 성사시켜서 해외영업능력을 보여준 후에 독점권 문제를 재론하는 것이 바람직하다.

# 해외바이어를 어떻게 확보할 것인가?

수출을 하기 위해서는 해외바이어를 확보하는 것이 무엇보다 중요하다. 아무리 경쟁력 있는 아이템과 공급업체를 확보한다고 해도 물건을 수입할 바이어를 확보하지 못하면 수출거래를 성사시킬 수가 없다. 따라서 수출의 성패는 구매력이 있는 바이어를 확보하느냐 못하느냐에 달려있다고 해도 과언이 아니다.

해외바이어를 개발하는 방법에 대해서는 앞서 3장에서 '해외거래처를 어떻게 개발할 것인가?'라는 제목으로 소개한 바 있다. 즉 알리바바(www.alibaba.com)와 같은 무역거래알선사이트, 콤파스(www.kompass.com)와 같은 무역디렉토리, 한국무역협회나 KOTRA같은 무역관련기관 및 무역전시회를 통해서 해외바이어를 개발할 수 있다.

위에 소개한 방법 중에 한 가지 또는 복수의 방법을 동원해서 해외바이어를 찾아내는 것은 어렵지 않다. 문제는 어떻게 구매력 있는 해외바이어를 찾아내느냐 하는 것이다. 다양한 경로를 통해 만나는 바이어 중에는 이제 막 사업을 시작했거나 아직 자리를 잡지 못한 바이어들이 상당수 포함되어 있다. 이런 바이어들을 상대로 아무리 노력을 해도 시간만 허비하고 제대로 된 오더 한 번 받지 못하고 끝나는 경우가 허다하다.

따라서 무작정 해외바이어를 찾을 것이 아니라 구매력이 있는 제대로 된 바이어를 찾는 데 총력을 기울여야 한다. 구매력이 있는 바이어는 어떻게 찾을 것인가?

무역거래알선사이트를 통해서 구매력이 있는 바이어를 만나는 것은 쉽지 않다. 구매력이 있는 유명바이어라면 구태여 무역거래알선사이트를 이용할 필요성을 느끼지 않을 가능성이 높기 때문이다.

유명바이어를 찾을 수 있는 가장 좋은 방법은 무역디렉토리를 이용하는 것이다. 무역디렉토리는 무역거래알선사이트처럼 본인들이 자료를 올리는 것이 아니라 디렉토리를 만드는 회사에서 전 세계 유명 업체들의 정보를 수집해서 책으로 만드는 것이기 때문에 유명바이어를 찾는 데도 유용하게 활용할 수 있다.

다만 디렉토리의 경우 업데이트가 잘 안 되고, 바이어보다는 제조업체 위주로 제작되는 경우가 많아서 원하는 자료를 찾기 위해서는 한국무역협회나 KOTRA와 같은 무역기관의 정보자료실을 방문해서 다양한 디렉토리를 검토해볼 필요가 있다.

유명바이어를 만날 수 있는 보다 확실한 방법은 국내외에서 개최되는 무역전시회에 출품하는 것이다. 업종별로 대표적인 유명전시회에 참가함으로써 해당 전시회를 참관하는 유명바이어와 직접 만나서 상담할 수 있는 기회를 잡을 수 있다.

또한 지자체나 무역관련기관에서 주최하는 바이어 초청 상담회에 참가함으로써 유명바이어와의 만남을 기대할 수도 있다.

# 어떻게 상담할 것인가?

바이어와 상담을 하기 위해서는 우선 수출가격표를 만들어야 한다. 수출가격표는 거래조건 중 하나를 선택하여 공장도가격에다 해당 조건에 포함된 부대비용을 더해서 만들면 된다. 예를 들어 FOB BUSAN 조건이라고 하면 부산항에서 물건을 선적할 때까지의 비용, 즉 부산항까지의 내륙운송비와 수출통관비 등을 더하고 CIF NEW YORK이라고 하면 뉴욕항에 도착할 때까지의 모든 비용을 더해서 가격표를 만들면 된다.

이와 같이 거래조건별로 가격에 반영해야 하는 부대비용은 포워더를 통해서 알아볼 수 있으나 문제는 가격표를 작성할 때 마진을 어떤 식으로 반영할 것이냐 하는 것이다. 국내거래와 마찬가지로 무역거래에서도 사는 쪽에서 에누리를 요구한 것이 관행이기 때문에 깎아 줄 수 있는 여유를 감안해서 가격표를 만드는 것이 좋다.

일단 수출가격표가 준비되면 해외바이어를 접촉해서 본격적인 상담에 들어간다. 우선 제일 처음에 접촉하는 서신, 즉 circular letter는 가급적 짧게 핵심적인 내용만 담아서 다음과 같이 작성한다.

> We obtained your name and address from Alibaba and learned that you are dealing with mobile phone accessories.
>
> As an exporter of various accessories for mobile phones, we have been exporting our products to our customers in 20 countries enjoying good reputation. Based on our proven experience in this field, we would like to establish business relationship with you.
>
> Please review our products shown on the attached leaflets and advise us if you are interested in any of them.
>
> We look forward to hearing from you soon.

처음 보내는 서신에서는 상대방을 알게 된 경위를 먼저 언급하고 간단하게 자신의 회사를 소개한 후 거래제의를 하고 마무리 짓는 것이 좋다. 처음 보내는 서신부터 장황하게 설명을 늘어놓다가는 읽어보지도 않고 휴지통에 버려질 수도 있으니 조심해야 한다.

Circular letter에 대한 회신율은 생각보다 훨씬 더 낮을 수 있다는 것을 각오하고 사업초기에는 가급적 많은 circular letter를 보낼 필요가 있다. 일단 호의적인 반응을 보여주는 바이어가 있으면 본격적인 상담에 들어간다. 오더를 성사시키기 위해서는 상담과정에서 description, quantity, price, packing, shipping port, destination, shipment date, payment 등과 같은 조건에 합의를 해야 한다. 이 중에서 특히 가격(price)과 결제 방식(payment)에 합의하는 것이 중요하다.

# 가격협상은 어떻게 하나?

국내거래와 마찬가지로 오더협상 시 가장 합의하기 힘든 것 중에 하나가 바로 가격이다. 수출자는 한 푼이라도 더 받기 원하고 수입자는 한 푼이라도 싸게 사기를 원하기 때문에 계약이 이루어지기까지 수출자와 수입자는 치열한 눈치싸움을 벌여야 한다. 가격협상을 어떻게 하느냐에 따라서 오더가 성사될 수도 있고 깨질 수도 있을 만큼 가격은 거래성사 여부를 결정할 수 있는 중요한 요소가 아닐 수 없다. 가격협상은 어떻게 해야 할까?

## 1. 에누리 없는 장사는 없다

국적이나 인종을 막론하고 물건을 사는 쪽에서는 가격을 깎으려 들기 마련이다. 시장에서 양말 한 켤레를 살 때도 에누리를 하지 않으면 직성이 풀리지 않는 사람들이 많다. 거액의 금액이 걸려 있는 무역거래에서는 더할 나위가 없다. 바이어의 입장에서는 이익을 극대화시키기 위해서 한 푼이라도 더 깎으려 드는 것이 당연하다.

따라서 특별한 경우를 제외하고는 수출가격표를 만들 때 에누리를 염두에 두고 여유 있게 가격을 책정하는 것이 바람직하다. 다만 에누리를 염두에 두고 가격표를 만들었다는 것을 바이어가 눈치 채지 않도록 유의해야 한다.

에누리의 여지가 없이 타이트하게 가격표를 만들었지만 상대방에게만 특별히 얼마를 깎아준다는 식으로 접근하는 것이 가격을 협상하는데 편리하다. 상대방이 에누리를 감안하여 가격표가 만들어졌다는 것을 눈치 채면 좀 더 많은 가격할인을 요구할 것이기 때문이다.

## 2. 바닥을 확인시켜라

가격협상과정에서 최선의 가격을 제시했음에도 불구하고 더 깎아 달라는 바이어의 요구에 난감해질 때가 있다. 이럴 때 중요한 것이 상대방에게 더 이상 깎아줄 여지가 없다는 것을 확실하게 인식시키는 것이다.

가격을 깎는 입장에서 보면 나중에 더 깎을 수 있었는데 하는 아쉬움이 없도록 바닥을 확인할 때까지는 가격인하 요구를 멈추지 않는 경우가 많다. 따라서 더 이상의 가격인하가 곤란한 경우에는 이것이 바닥이라는 것을 '이 가격도 우리가 손해를 엄청 감수하고 파는 것이다.'라든지 '더 이상 싼 가격이라면 차라리 우리가 물건을 사겠다.'는 식의 강한 어조로 표현하는 것이 좋다.

이밖에도 '다른 바이어는 이보다 훨씬 높은 가격에 오더를 했다.'든지, '지금 이보다 훨씬 높은 가격에 사겠다는 바이어가 줄 서 있다.'든지, '다음 주에는 가격을 대폭 인상할 예정이다.'라는 식으로 상대방을 심리적으로 압박하는 것도 시도해볼 만하다.

### 3. 변칙작전을 구사하라

오더협상을 할 때마다 똑같은 방식으로 접근해서는 약발이 떨어질 수가 있다. 예를 들어 가격을 제시해놓고 상대방이 에누리를 요구하면 기다렸다는 듯이 상대방이 원하는 가격으로 맞춰주는 식으로 거래를 진행하다 보면 상대방에서 생각할 때 이쪽에서 이미 에누리를 해줄 것을 감안해서 가격표를 만들어놓은 것으로 간주하고 지속적으로 에누리를 요구해서 가격협상이 힘들어질 수 있다.

이런 경우를 대비해서 가끔씩 이번에는 절대로 가격인하가 불가하다는 식으로 변칙작전을 구사하는 것이 바람직하다.

### 4. 바이어가 먹을 것을 남겨두라

가격협상을 할 때 내가 다 먹겠다는 생각을 하면 아예 먹이가 없어질 수도 있으니 조심해야 한다. 협상이란 상대가 있는 법인데 상대방의 입장은 생각하지 않고 내 주장만 관철시키겠다고 하는 것은 결코 현명한 방법이 아니다. 바이어의 입장에서 최소한의 마진이 없는 거래는 의미가 없기 때문이다.

따라서 가격협상에 나설 때는 최대한 한 푼이라도 더 받도록 노력하되 바이어가 먹을 최소한의 분량은 남겨두는 선에서 협상을 벌여야 한다. 바이어는 극복의 대상이 아니라 함께 커 나가야 될 사업의 파트너라는 인식이 필요하다.

# 결제방식은 어떻게 정하나?

무역거래를 시작할 때 제일 합의하기 힘든 것이 바로 결제조건이다. 물건도 좋고 가격도 경쟁력이 있는데 결제조건에 합의하지 못해서 거래가 깨지는 경우가 비일비재하다. 따라서 거래를 성사시키기 위해서는 자신의 주장만 내세우지 않고 상대방의 입장에서 받아들일 수 있는 조건인지를 따져보아야 한다. 결제방식을 합의할 때 염두에 두어야 할 사항을 정리해보면 다음과 같다.

## 1. 첫 거래는 가급적 신용장방식으로 시작하라

수출자의 입장에서 보면 사전송금방식이 가장 안전한 방식이지만 소액거래가 아닌 한 수입자의 입장에서 받아들이기 어려운 방식이다. 따라서 사전송금방식만을 주장하다가 거래가 깨지는 것보다는 일단 사전송금방식으로 요구해보고 받아들여지지 않으면 수출자와 수입자 모두에게 부담 없는 신용장방식으로 시작하는 것이 바람직하다.

## 2. 혼합결제방식도 위험할 수 있다

혼합결제방식이란 한 건의 거래에서 두 가지 방식 이상의 결제방식을 사용하는 것이다. 예를 들어 물품대금의 50%는 사전송금방식으로 결제하고 나머지 50%는 물건이 도착한 후에 결제하는 식으로 계약하는 것이다. 위험을 나눈다는 측면에서 보면 공평한 방식이라고 할 수도 있지만 수입자가 물건을 받고 나서 잔금을 보내지 않으면 50%를 받지 못하는 결과를 초래하므로 이러한 위험을 감수하고서도 혼합결제방식을 받아들일지를 신중하게 따져보아야 한다.

## 3. usance L/C는 위험한 방식이 아니다

L/C는 결제시기에 따라서 at sight L/C와 usance L/C로 나누어진다. at sight L/C는 신용장에서 요구하는 서류를 제시하자마자 결제가 이루어지는 신용장을 뜻하며 usance L/C는 서류를 제시하고 일정기간 후에 결제가 이루어지는 신용장을 뜻한다. 예를 들어 usance L/C 90days라고 하면 서류를 제시하고 90일 후에 결제가 이루어진다는 뜻이다.

수입자의 입장에서 보면 usance L/C 방식으로 계약을 체결하면 usance 기간만큼 결제를 미룰 수 있으므로 상당히 유리하다고 볼 수 있다. 수출자의 입장에서 보면 수입자가 usance 기간의 이자를 부담하는

banker's usance L/C의 경우에는 at sight L/C와 마찬가지로 선적 즉시 수출대금을 회수할 수 있으므로 문제가 없다.

문제는 수출자가 usance 기간의 이자를 부담하는 shipper's usance L/C의 경우다. 이 경우 수출자 입장에서 보면 usance 기간만큼 결제가 늦춰지므로 부담스러울 수 있으나 usance 기간의 이자만큼을 물건 값에 얹어서 받으면 되므로 손해 볼 일은 없으며 거래은행과 따로 약정을 맺으면 선적 즉시 이자를 제하고 받을 수도 있으므로 크게 문제될 것이 없다.

다만 usance 기간이 지나고 수입자가 결제를 안 할 경우 문제가 될 수 있는데 신용장방식은 개설은행에서 수입자의 결제여부와 상관없이 대금지급을 약속하는 방식이기 때문에 수입자가 자금부담 등의 이유로 usance L/C 방식으로 거래하길 원할 경우 긍정적으로 검토해볼 필요가 있다.

## 4. 후진국과의 거래에는 confirmed L/C를 사용하라

Confirmed L/C란 신용장개설은행의 신용도가 낮은 경우 믿을 수 있는 제3의 은행에서 개설은행과 별도로 지급확약을 해주는 신용장을 뜻한다. 신용장방식에서 수출자는 신용장개설은행의 지급약속을 믿고 물건을 선적하게 되는데 만약 신용장개설은행이 부도가 나면 신용장대금을 떼일 수밖에 없다.

이런 경우를 대비하기 위해서 사용하는 방식이 confirmed L/C 방식이다. Confirmed L/C 방식으로 거래하면 설사 개설은행이 부도가 나더라도 확인은행(confirming bank)에서 대금을 결제해주므로 수출자의 입장에서는 대금을 떼일 걱정을 할 필요가 없다. 따라서 아프리카나 중남미국가처럼 개설은행의 신용을 확신할 수 없는 경우에는 처음부터 confirmed L/C 방식으로 거래하자고 제의하는 것이 좋다.

## 5. SGS를 활용하라

L/C 방식으로 거래할 때 수입자는 물건을 확인하기 전에 대금을 결제해야 하기 때문에 무역사기의 피해자가 될 수 있다. 신용장방식에서 선박회사는 실제로 어떤 물건이 실리는지를 확인하지 않고 수출자가 제출한 shipping request(선적요청서)에 기재된 내역대로 B/L(Bill of Lading)을 발행하고 은행에서도 물건을 확인하지 않고 서류만 확인하고 돈을 지급하므로 수출자가 마음만 먹으면 계약한 물건이 아닌 다른 물건을 선적하고서도 서류만 완벽하게 꾸며서 대금을 받을 수 있는 무역사기를 도모할 수 있기 때문이다.

이런 무역사기를 예방할 수 있는 유일한 방법은 물건이 선적되기 전에 직접 확인하는 것인데 수입자가 직접 물건을 확인하러 수출국까지 가는 것이 쉬운 일이 아니다. 이런 경우에 활용할 수 있는 것이 바로 SGS와 같은 검사대행업체다. 검사대행업체에서는 수수료를 받고 물건을 확인해주므로 신용장을 개설할 때 documents required 항에 검사대행업체가 발행하는 검사확인서(inspection certificate issued by SGS)를 추가할으로써 무역사기를 예방할 수 있다.

따라서 수입자가 신용장방식의 거래를 꺼릴 경우에 SGS와 같은 검사대행업체를 활용하는 방법을 제안함으로써 안심하고 신용장방식의 거래를 받아들이도록 설득하는 것이 바람직하다.

# 계약은 어떻게 하나?

앞서 언급한대로 모든 계약 조건에 합의가 이루어지면 합의된 계약조건을 명시해서 작성한 계약서를 바이어에게 보냄으로써 계약이 일단락된다. 거래규모가 크거나 장기계약의 경우에는 좀 더 자세한 계약조항을 담아서 장문의 계약서를 작성하기도 하지만 개인무역업자로서 수출할 때는 가격이나 결제방식, 선적시기 등과 같은 중요한 계약조건을 명시한 proforma invoice를 발행하는 것만으로 충분하다.

계약이행과정에서 분쟁이 발생하거나 바이어가 계약조건을 이행하지 않을 경우 이론상으로는 소송이나 중재를 통해서 문제를 해결할 수 있지만 바이어가 의도적으로 계약조건을 위반할 경우 현실적으로 이를 해결하기가 쉽지 않다.

특히 거래규모가 크지 않은 개인무역업자의 입장에서는 계약서에 기본적인 계약조건만 명시하고 거래하는 것이 일반적인 관행이기 때문에 분쟁발생 시 바이어의 양심에 호소하는 것 외에는 현실적인 대안이 없는 경우가 대부분이다.

따라서 수출거래를 할 때는 계약서를 완벽하게 꾸미려고 애쓰기보다는 믿을만한 거래처와의 거래관계를 수립하는 데 주력하는 것이 바람직하다. 처음 거래를 하는 상대방의 신용이 의심스러울 때는 한국무역보험공사 등을 통해서 상대방의 신용조사를 하고 자신의 리스크부담능력 한도 내에서 거래규모를 조심스럽게 늘려나가는 것이 바람직하다.

# 물건을 공급받는 방법

## 1. 국내공급업체로부터 물건을 공급받는 방법

만약 물건을 국내에서 구입해서 수출하는 경우라면 국내공급자에게 내국신용장 또는 구매확인서를 발급해주어야 한다. 내국신용장이란 수출자의 거래은행에서 국내공급자에게 물품대금을 지급해주겠다고 약속하는 증서로서 국내공급업체는 내국신용장에 의거 물건을 수출자에게 보낸 후 수출자로부터 물품수령확인서를 받아서 은행에 제출하고 대금을 지급받는다.

구매확인서란 수출자의 거래은행에서 내국신용장을 대신해서 발행하는 서식으로서 대금지급을 약속하지는 않고 국내공급업체가 수출자에게 공급하는 물건이 수출품이라는 사실만을 확인해주는 서식이다. 국내공급업체는 내국신용장 또는 구매확인서에 의해서 수출자에게 수출품을 공급한 금액만큼을 수출실적으로 인정받을 수 있다.

## 2. 해외공급업체로부터 물건을 공급받는 방법

해외공급업체로부터 물건을 구입해서 해외바이어에게 수출하는 것을 중계무역이라고 한다. 중계무역을 하기 위해서는 해외바이어와는 수출계약을 체결하고 해외공급업체와 수입계약을 체결하고 물건은 우리나라를 경유해서 보내도 되고 해외공급업체로 하여금 우리나라를 거치지 않고 직접 해외바이어에게 보내도록 해도 된다.

해외공급업체로 하여금 직접 해외바이어에게 물건을 보내게 했을 때 문제가 되는 것이 선적서류다. 바이어가 해외공급업체가 누군지를 알게 되면 중계무역상을 배제하고 해외공급업체와의 직거래를 시도할 수 있기 때문이다. 이런 문제를 어떻게 해결할 것인가?

일단 상업송장(commercial invoice)이나 포장명세서(packing list)와 같이 수출자가 작성하는 서류는 별 문제 없이 처리할 수 있다. 해외공급업체가 보내 온 서류를 회수하고 수출자가 새로 작성해서 바이어에게 보내면 되기 때문이다.

문제는 선하증권(B/L; Bill of Lading)이다. 수입국에서 바이어가 물건을 찾기 위해서는 선박회사에 선하증권 원본을 제출해야 하는데 해외공급업체가 보내 온 선하증권에는 shipper란에 해외공급업체의 상호와 주소가 기재되어 있어서 바이어로 하여금 해외공급업체와의 직거래를 시도할 빌미를 줄 수 있기 때문이다.

이런 문제가 걱정이 된다면 Switch B/L 방식을 사용하면 된다. Switch B/L이란 해외공급업체가 shipper란에 기재된 B/L을 선박회사에 반납하고 중계무역상을 shipper로 하는 새로운 B/L을 발급받는 방식이다. 이런 식으로 새로운 선하증권을 발급받아서 새로 작성한 상업송장과 포장명세서와 함께 바이어에게 보내면 바이어에게 해외공급업체가 노출되는 문제를 해결할 수 있다.

또한 바이어가 원산지증명서를 요청할 경우에는 해외공급업체에서 보내 온 원산지증명서를 첨부해서 대한상공회의소에 중계무역상을 shipper로 하는 새로운 원산지증명서 발급을 요청할 수 있다. 이때 원산지증명서 상의 원산지는 해외공급업체에서 보내온 원산지증명서 상의 원산지가 그대로 표기된다.

하지만 이런 식으로 해외공급업체의 정보를 노출시키지 않는 방식의 중계무역은 장기적으로 지속시키기 어려울 수도 있다. 인터넷 등을 통해서 전 세계 공급업체의 정보가 공개되어 있기 때문이다. 따라서 장기적으로 중계무역을 지속하려면 바이어가 해외공급업체가 누구인지를 알더라도 중계무역상을 통해서 물건을 사는 것이 자신에게 유리하다고 생각할 수 있도록 경쟁적인 가격을 제시하고 오더관리능력을 기르는 것이 바람직하다.

예를 들어 서양회사들이 저개발국의 제조업체로부터 직접 물건을 사면 납기도 제대로 맞추지 못하고 물건의 품질도 믿을 수가 없는데 중계무역상을 통해서 물건을 사면 납기도 잘 지키고 품질도 믿을 수 있다는 판단이 서면 해외공급업체가 누군지를 알더라도 중계무역상을 통해서 물건을 사려고 할 것이다.

# 계약체결 후 수출자가 할 일은 무엇인가?

일단 바이어와의 계약이 체결되면 국내 또는 국외로부터 물건을 확보해서 선박이나 항공기에 실어서 바이어에게 보내주면 된다. 이때 물건을 싣기 전에 수출통관절차를 거쳐야 하고 계약조건에 따라 수출자가 보험을 들어야 할 경우 적하보험에 가입해야 한다. 이와 같은 운송, 보험, 통관 등의 업무는 수출자가 직접 처리하지 않고 각각 포워더, 보험회사, 관세사에게 업무를 위임해서 처리한다. 따라서 운송이나 보험, 통관절차 등에 대해서는 구체적인 내용을 몰라도 수출이 가능하다.

다만 이와 같은 업무를 진행하기 위해서는 상업송장(commercial invoice)과 포장명세서(packing list)를 작성해야 한다. 세관, 보험회사, 관세사 등에서 물품의 명세나 금액, 포장내역 등을 확인하기 위해서 이와 같은 서류를 요구하기 때문이다. 따라서 운송, 보험, 통관 등의 업무를 진행하기 전에 상업송장과 포장명세서를 작성하도록 한다.

수출통관을 거쳐 물건이 선적되면 선박회사로부터 선하증권(B/L; Bill

of Lading) 또는 항공사로부터 항공운송장(AWB; Air waybill)을 발급받아서 이미 작성한 상업송장 및 포장명세서와 함께 은행에 제출하거나(결제방식이 신용장방식일 때) 바이어에게 직접 제출하고(결제방식이 송금방식일 때) 대금을 지급받으면 된다.

# 리스크 관리는 어떻게 하나?

수출을 하다보면 여러 가지 위험에 노출되기 마련이다. 물건이 가는 도중에 사고가 발생해서 분실되거나 파손될 수도 있고, 물건은 무사히 도착했는데 품질불량 등을 이유로 클레임이 걸리거나, 물건에는 아무 이상이 없는데 대금결제가 지연되거나 아예 지급되지 않는 경우도 있다. 개인무역업자로서는 한 번이라도 이런 문제가 발생하면 사업에 큰 타격을 입을 수 있으므로 여간 신경이 쓰이는 것이 아니다. 이런 문제를 예방하거나 해결하려면 어떻게 해야 할까?

### 1. 운송 도중 물건이 분실되거나 파손될 경우

이런 경우는 적하보험에 가입함으로써 손해를 보상받을 수 있다. 따라서 수출자가 보험을 들어야 하는 조건(CIF, CIP, DAP, DPU, DDP)으로 계약을 하면 반드시 지정된 목적지까지의 사고위험에 대비하기 위해서 적하보험에 가입해야 한다.

보험조건에는 구약관 3가지, 신약관 3가지 등 모두 6가지의 조건이 있으나 이 중 담보범위가 가장 큰 구조건의 A/R(All Risk)이나 신약관의 ICC(A)조건으로 보험에 가입하는 것이 일반적이다.

또한 수입자가 보험을 들어야 하는 나머지 조건(EXW, FOB, FAS, FCA, CFR, CPT)으로 계약을 하는 경우 상대방이 무역경험이 적은 경우에 보험에 들지 않았다가 사고가 나면 비록 상대방이지만 큰 손해를 볼 수 있으므로 상대방이 보험을 들어야 한다는 것을 수입자에게 주지시켜주는 것이 좋다.

## 2. 물건은 이상 없이 도착했는데 품질불량 등의 이유로 클레임이 제기될 경우

이런 경우는 가급적 우호적으로 해결하는 것이 바람직하다. 예를 들어 다음에 물건을 선적할 때 물건 값을 깎아준다든지 대체품을 보내준다든지 하는 식으로 상대방의 손해를 보상해준다는 적극적인 자세를 보이는 것이 좋다. 그런 식으로 우호적으로 클레임을 처리함으로써 지속적으로 거래관계를 유지할 수 있다.

문제는 실제로 물건에 하자가 없는데 바이어 쪽에서 트집을 잡는 경우다. 일부 악질 바이어들은 상습적으로 트집을 잡아서 손해보상을 요구하거나 대금지급을 미루기도 한다. 이런 경우에는 상황을 잘 판단해서 현명하게 대처해야 한다. 이미 대금결제가 이루어진 경우라면 조금

양보하는 선에서 타협하든가 바이어가 상습적으로 클레임을 거는 경우라면 거래를 끝낼 각오를 하고 단호하게 대처할 수도 있다.

제일 큰 문제는 아직 대금결제가 이루어지지 않은 상태에서 트집을 잡고 대금결제를 미루는 경우다. 이럴 때야말로 현명한 대처가 필요하다. 내가 잘못한 것이 없는데 왜 양보하느냐는 생각에 사로잡혀서 시시비비를 가리다가는 대금결제가 계속 지체되어서 큰 손해를 볼 수도 있다. 이론상으로는 소송을 통해서 시시비비를 가리는 것이 가능하지만 현실적으로 소송에 따르는 시간과 비용에 대한 부담이 커서 거래규모가 어마어마한 경우를 제외하고는 현실적인 해결책이 될 수 없다.

따라서 이런 경우 시시비비를 가리기보다는 문제를 조속히 해결하는데 주안점을 두고 조금 손해를 보더라도 빨리 문제를 해결할 수 있는 방향으로 협상을 벌이는 것이 바람직하다.

## 3. 물건에는 이상이 없는데 대금결제가 안 되는 경우

바이어가 의도적으로 대금결제를 거부하는 경우에는 현실적으로 해결하기가 난망하다. 국제적인 채권추심기관을 통해서 미수금의 해결을 도모해볼 수는 있지만 성공한다는 보장도 없고 성공하더라도 상당액의 수수료를 부담해야 하므로 막심한 손해를 감수해야 한다.

따라서 이런 문제는 문제가 발생하지 않도록 사전에 예방하는 것이 중요하다. 미수금이 발생하지 않도록 하려면 처음 거래하는 상대방과는 가급적 신용장방식으로 거래하고 신용이 확인되지 않은 상대하고는 외상거래를 자제하는 것이 바람직하다. 하지만 이런 식의 안전한 거래만을 고집할 경우 사업을 확장하는 데 한계가 있다.

가장 근본적으로 미수금 문제를 해결할 수 있는 것은 바로 수출보험에 가입하는 것이다. 한국무역보험공사(www.ksure.or.kr)에서 운영하는 단기 또는 중장기수출보험에 가입하면 수출자의 귀책사유가 아닌 미수금이 발생했을 때 한국무역보험공사로부터 보상받을 수 있다.

따라서 바이어의 신용이 의심스럽거나 저개발국가의 바이어와 거래를 할 때는 가급적 수출보험에 가입하는 것이 바람직하다. 다만 수출보험은 신청한다고 해서 무조건 가입이 되는 것은 아니고 한국무역보험공사에서 바이어의 신용 등을 자체적으로 심사한 후 선별적으로 가입할 수 있으므로 수출보험의 가입이 안 되는 경우는 아쉽더라도 거래를 포기하는 것이 안전하다.

## 4. 환률하락으로 손해를 볼 경우

수출의 특성상 계약시점과 대금결제시점의 차이로 인해서 예기치 못한 환차손을 입을 수 있다. 이런 문제를 해결하기 위해서는 한국무역보험공사에서 운영하는 환변동보험에 가입하면 된다. 환변동보험에 가입하면 환율하락에 따른 손해를 보상받을 수 있으므로 환율의 변동이 심할 때 안심하고 거래를 진행할 수 있다. 다만 환변동보험에 가입했다가 환율이 상승할 경우에는 환차익을 한국보험공사에게 환수당할 수 있음을 이해할 필요가 있다.

# 그밖에 알아두어야 할 것들

## 1. 원산지

아이템에 따라 수입국에서 원산지규정의 적용을 받을 수 있으므로 바이어와 사전에 이 부분에 대해서 협의해두는 것이 좋다. 특히 소비재의 경우 제품에 원산지를 표기하는 등의 규정이 적용될 가능성이 높으므로 착오 없도록 준비해야 한다. 같은 아이템이라도 수입국에 따라 별도의 원산지규정이 적용될 수 있으므로 구체적인 원산지규정은 바이어로 하여금 확인하도록 한다.

또한 FTA 체결국으로 수출할 때는 수입자가 관세특혜를 받기 위해서 원산지증명서를 요구할 수 있으므로 바이어가 요구할 경우 제때 발급받을 수 있도록 준비해야 한다. 원산지증명서는 수입국에 따라 각기 다른 양식과 발행처를 요구하므로 관세사 등을 통해서 별도로 확인하도록 한다.

## 2. 관세환급

관세환급이란 수출품을 제조하기 위해서 사용한 원료나 부품을 수입할 때 납부했던 관세를 돌려주는 제도를 뜻하며 수출지원제도의 일종이라고 할 수 있다. 관세환급을 받기 위해서는 절차도 복잡하고 구비해야 할 서류도 많으나 이 모든 업무는 관세사에서 대행해주므로 관세환급의 구체적인 절차까지 공부할 필요는 없다.

다만 수출품의 경우 관세환급을 받을 수 있다는 사실을 기억해서 관세사에게 관세환급을 받아달라고 요청하는 것을 잊지 않도록 해야 한다. 관세환급을 받기 위해서는 원료나 부품을 수입한 날로부터 2년 이내에 수출해야 하고 수출한 날로부터 2년 이내에 관세환급을 신청해야 한다.

## 3. 수출지원제도

국가마다 자국의 수출을 지원하기 위한 다양한 제도를 운영하고 있다. 우리나라에서도 정부기관 및 각종 단체에서 다양한 수출지원제도를 운영하고 있으므로 이와 같은 지원제도를 최대한 활용하는 것이 바람직하다.

우리나라의 대표적인 수출지원제도는 앞서 언급한 수출보험과 관세환급제도 외에도 신용장 또는 실적기준으로 무역금융의 혜택을 입을 수도 있으며 무역교육이나 수출상담회, 해외전시회 지원 등의 혜택을 누릴 수 있다. 이와 같은 지원을 받기 위해서는 수시로 해당 지방자치단체나 무역관련기관의 웹사이트를 방문해서 정보를 입수하도록 한다.

**〈수출업무의 흐름〉**

① 물품공급업체 및 바이어 개발 → ② 바이어와 계약조건(description, quantity, unit price, amount, trade terms, packing, shipping port, destination, shipment date, payment terms)에 합의 → ③ 바이어에게 proforma invoice 발송 → ④ 바이어로부터 T/T 송금 혹은 L/C 수령 → ⑤ 국내공급업체에 내국신용장 또는 구매확인서 발행해주고 수출물품 인수 → ⑥ commercial invoice 및 packing list 작성 → ⑦ CIF, CIP, DAP, DPU, DDP 조건 중의 하나로 계약했으면 적하보험에 가입하고, 수입자의 요청에 따라 원산지증명서(certificate of origin) 및 기타 증명서(certificate) 준비 → ⑧ 관세사를 통해서 수출신고하고 세관으로부터 수출신고필증 수령 → ⑨ 포워더에게 선적 의뢰 → ⑩ B/L 수령 → ⑪ B/L을 비롯한 선적서류를 수입자에게 직접 보내거나(송금방식의 경우) 은행에 제출하고(L/C나 추심방식의 경우) 수출대금회수

# 제5장

## 업종별 창업실무 수입

# 무엇을 수입할 것인가?

수입비즈니스에서 성공을 거두기 위해서는 우선 팔릴만한 아이템을 확보해야 한다. 수입아이템을 선정할 때는 여러 가지 변수를 고려해야 하지만 가장 먼저 고려해야 할 것이 누구에게 어떤 경로로 팔 것인가 하는 것이다. 즉 판매경로에 따라 아이템을 선정하는 기준이 달라질 수 있다.

만일 기업체에 연고가 있다면 해당 기업에서 필요로 하는 원료나 부품 또는 완제품을 수입해서 팔면 된다. 하지만 기업체에 연고가 있다고 해서 누구나 다 그런 아이템들을 취급할 수 있는 건 아니다. 기업의 수요를 감당할 만한 자금력도 있어야 하고 아이템에 따라서는 사후서비스를 제공할 만한 기술력이 요구되기도 한다.

기업체에 연고가 없다면 일반소비자를 대상으로 직접 또는 유통업체를 통해서 간접적으로 팔 수 있는 아이템을 찾아야 한다. 하지만 이 세상에 하고많은 아이템 중에서 어떤 아이템을 가지고 시작할지를 결정하는 것은 쉬운 일이 아니다. 그만큼 수입비즈니스에서 차지하는 아이템의 비중이 크기 때문이다.

문제는 똑같은 아이템을 가지고 시작하더라도 어떤 사람은 성공하고 어떤 사람은 실패의 쓴잔을 마실 수도 있으며 같은 아이템을 가지고서도 언제 시작하느냐에 따라서 성패가 갈리기도 한다는 것이다. 그만큼 아이템을 선정하는 것이 힘들지만 일단 자신이 조금이라도 연고가 있는 아이템이 없는지부터 살펴볼 필요가 있다.

예를 들어 자신이 IT 업종에서 일했거나 해당 분야에 연고를 가지고 있다면 IT관련제품 중에서 수입할 만한 아이템을 찾아보고 지인 중에 아동용품을 취급하는 사람이 있다면 아동용품 쪽에 관심을 가지고 찾아보는 식이다. 아무래도 생판 모르는 아이템을 가지고 시작하는 것보다는 조금이라도 연고가 있는 아이템을 가지고 시작하는 것이 조금이라도 성공가능성을 높일 수 있을 것이기 때문이다.

그렇다면 아무런 연고나 아이템에 대한 전문지식이 없이 백지에서 시작하는 경우라면 어떻게 해야 할까. 아이템을 선정할 때는 여러 가지 다양한 변수를 고려해야 하지만 우선적으로 염두에 두어야 할 것들은 다음과 같다.

### 1. 판매경로

수입아이템을 정할 때는 수입한 물건을 어떤 경로로 팔 것인지를 우선적으로 고려해야 한다. 자신이 직접 소비자에게 팔 것인지, 유통업체를 통해서 팔 것인지, 기업체에 납품할 것인지에 따라서 취급 가능한 아이템의 종류와 범위를 좁혀나가야 한다.

예를 들어 자신이 직접 소비자에게 팔아야 하는 경우라면 물건을 보관하거나 발송하는 데 문제가 없도록 가급적 부피가 작고 포장하기 편한 아이템을 고르는 것이 좋지만 유통업체를 통하거나 기업체에 납품하는 경우라면 보관이나 발송문제에 대해서는 크게 신경 쓰지 않아도 된다.

## 2. 자금동원능력

수입을 할 때는 자신의 자금동원능력 한도 내에서 비즈니스를 설계해야 한다. 아무리 좋은 아이템이라도 해당 아이템의 특성상 자신의 자금동원능력을 초과하는 대규모 투자가 필요한 경우라면 손대지 않는 것이 좋다.

여기서 자금동원능력은 단순히 한 건의 오더를 주문하는 데 필요한 자금을 의미하는 것이 아니라 장기적인 관점에서 재고나 반품 등을 고려하여 지속적인 거래가 가능할 정도의 충분한 자금을 확보할 수 있는 능력을 뜻한다.

좋은 아이템을 가지고 시작하고서도 자금부족으로 인해 중도에 포기하는 일이 없도록 사전에 자신의 자금동원능력을 철저히 점검하여 자신의 능력에 적합한 아이템을 선택하는 것이 바람직하다.

## 3. 수입절차 및 통관상의 문제점

수입아이템을 정할 때는 사전에 해당아이템의 수입절차를 확인하고 통관 시 문제가 될 소지가 있는지를 사전에 점검해야 한다. 아이템에 따라서는 별도의 허가나 승인이 필요한 경우도 있고 아예 수입이 금지되는 경우도 있으므로 직접 또는 관세사를 통해서 해당 아이템의 품목별 수입요령을 확인함으로써 수입절차상 또는 수입통관에서 문제가 될 만한 물건은 처음부터 손대지 않도록 유의해야 한다.

## 4. 사후관리

수입한 물건을 팔고나서 사후관리가 필요한 아이템의 경우 자신의 사후관리능력을 감안하여 취급여부를 결정해야 한다. 예를 들어 전기용품이나 작동완구, 사무기기 등과 같이 사용 중에 고장이 났을 때 애프터서비스가 필요한 아이템을 직접 판매하는 경우에 애프터서비스를 제공할 만한 준비가 되어 있지 않은 상태에서 수입했다가는 낭패를 볼 수도 있으므로 조심해야 한다.

처음부터 자체적으로 애프터서비스를 제공할 만한 여건이 되지 않는다면 애프터서비스 전문업체와의 제휴를 통해서 문제를 해결할 수도 있다.

## 5. 자신의 취미와 관심사

아무런 연고가 없이 백지에서 아이템을 선택해야 한다면 자신이 취미가 있거나 관심이 있는 아이템을 우선적으로 검토해볼 만하다. 예를 들어 등산을 좋아한다면 등산용품, 자동차에 관심이 많다면 자동차 관련용품을 중점적으로 검토해서 수입경쟁력이 있는 아이템을 찾는 것이다.

물론 자신이 취미가 있거나 관심이 있는 아이템을 수입한다고 해서 성공이 보장되는 것은 아니지만 이왕이면 자신이 좋아하는 아이템을 취급함으로써 업무효율을 높일 수 있을 것이다.

그렇다고 수입경쟁력이 없는데도 불구하고 자신이 관심 있는 분야에만 집착하는 것은 바람직하지 않다. 자신이 관심 있는 분야에서 수입경쟁력이 있는 아이템을 찾을 수 없다면 과감하게 포기하고 보다 다양한 아이템을 대상으로 수입가능성을 검토해보는 것이 바람직하다.

이상 언급한 항목들을 감안하여 아이템을 선택하되 그래도 이 세상에 존재하는 수많은 아이템 중에서 수입유망아이템을 선택하는 것이 막연한 독자들을 위해서 개인수입업자가 관심을 가져볼 만한 아이템을 소개하면 다음과 같다.

여기에 소개하는 품목리스트는 큰 자본이나 특별한 전문지식이 없이도 취급할 수 있는 일반상품을 위주로 선정하였으며 절대적인 기준을 제시하는 것은 아니라는 점을 밝혀둔다.

| 분류 | 아이템 |
|---|---|
| 사무용품 | 컴퓨터용품, 디자인용품, 화이트보드, 금고, 계산기, 필기구, 파일, 바인더, 수정테이프, 가위, 펀치, 클립 |
| 레포츠용품 | 스키용품, 골프용품, 수영용품, 승마용품, 패러글라이딩용품, 배드민턴용품, 탁구용품, 야구용품, 축구용품, 농구용품, 배구용품, 핸드볼용품, 태권도용품, 유도용품, 자전거, 운동화, 스킨스쿠버장비 |
| 자동차용품 | 키홀더, 먼지털이개, 트렁크정리함, 휴대폰거치대, 스노우체인, 햇빛가리개, 세차용품, 주차안내판, 방향제, 쿠션 |
| 휴대폰용품 | 셀카봉, 휴대폰 거치대, 휴대폰홀더, 휴대폰지갑, 화면보호용필름, 암밴드, 방수케이스, 핸드폰줄, 충전기 |
| 유아용품 | 의류, 신발, 장난감, 모빌, 젖병, 젖꼭지, 젖병솔, 젖병소독기, 기저귀, 유모차 |
| 미용용품 | 피부관리기, 피부마사지기, 화장솔, 메이크업기구, 이용기구, 드라이기, 속눈썹, 손톱관리용품, 다이어트제품 |
| 실버용품 | 재활용품, 혈압계, 혈당기, 치매방지용 게임기구, 보청기, 틀니세정액, 안마기, 마사지기, 성인용기저귀, 돋보기 |
| 애견용품 | 사료, 간식, 배변용품, 목욕용품, 미용용품, 이동장, 철장, 장난감, 줄, 이름표, 의류 및 액세서리 |
| 장식용품 | 촛대, 시계, 그림, 액자, 거울, 스탠드, 미니어처, 인테리어조각품, 화병, 도자기, 데스크소품 |

# 해외공급업체를 어떻게 확보할 것인가?

아이템이 결정되면 해당 아이템을 공급해줄 해외공급업체를 확보해야 한다. 해외공급업체는 앞서 제3장에서 소개한 해외거래처 개발방법을 활용하도록 하고 그중에서도 특히 인터넷무역거래알선사이트, 무역디렉토리, 해외전시회 등을 적극적으로 활용할 필요가 있다. 해당 매체별로 구체적인 개발방법은 다음과 같다.

### 1) 인터넷거래알선사이트

알리바바(www.alibaba.com), 이씨21(www.ec21.com), 이씨플라자(www.ecplaza.net) 등과 같은 무역거래알선사이트에 접속하여 품목별로 전 세계 수출업자들이 올려놓은 게시물을 검색하여 해외공급업체를 개발할 수 있다.

가장 손쉽고 빨리 해외공급업체를 찾아낼 수 있다는 장점이 있지만 전 세계적으로 유명한 업체는 찾기가 힘들다는 문제점도 있다. 저가 생활용품을 공급하는 중국 업체를 찾는 데 유효한 방법으로 추천할 만하다.

다만 사이트에 올려진 게시물은 각 회사에서 임의로 작성하는 것이므로 진위여부에 대해서는 별도로 확인해 보아야 한다.

### 2) 무역디렉토리

전 세계적으로 유명한 해외공급업체를 찾을 때는 인터넷거래알선사이트보다 디렉토리를 활용하는 것이 좀 더 효과적이다. 유명공급업체의 경우 굳이 인터넷거래알선사이트에 게시물을 올리려들지 않기 때문이다.

무역디렉토리란 전 세계 유명업체들의 주소 및 연락처를 모아서 책으로 펴낸 것으로서 무역디렉토리를 만드는 회사에서 전 세계 유명업체에 관한 정보를 취합해서 만들기 때문에 인터넷거래알선사이트에서 만날 수 없는 유명업체의 정보를 망라해서 확인할 수 있다.

디렉토리 중에서는 KOMPASS가 가장 방대한 자료를 수록하고 있으며 이밖에도 미국제조업체에 대한 정보를 수록한 Thomas Register, 유럽업체들의 정보를 수록한 ABC Europ Production 등의 디렉토리가 있다. 무역디렉토리는 무역협회나 KOTRA자료실에서 찾아볼 수 있다. 다만 무역디렉토리에 수록된 업체들은 이미 거래처를 확보하고 있을 가능성이 높아서 새로 거래관계를 트기가 쉽지 않다는 것은 각오해야 한다.

### 3) 전시회

가장 효과적으로 빠른 시일 내에 해외공급업체를 개발하려면 전 세계 각국에서 개최되는 유명전시회를 참관하는 것이 좋다. 현장에서 직접 상담을 벌임으로써 시간을 절약하고 개인적인 신뢰를 구축하는 데도 도움이 되어서 실질적인 거래관계를 수립하는 데 큰 도움이 된다.

전 세계에서는 매일 수많은 전시회가 개최되고 있으나 상당수의 전시회는 규모면이나 운영면에서 수준에 미달되는 경우가 많다. 따라서 업종에 따라 세계적으로 유명한 전시회를 선별해서 참관하는 것이 중요하다.

업종과 상관없이 유명전시회의 대부분은 독일에서 개최되므로 독일에서 개최되는 전시회를 우선적으로 검토해 볼 필요가 있다. 규모면에서는 미국에서 열리는 전시회도 무시할 수 없으나 미국에서 열리는 전시회의 상당수는 해외바이어보다 국내바이어를 겨냥해서 운영되고 있다는 점을 주목할 필요가 있다.

해외전시회에 참가해서 좋은 결과를 얻기 위해서는 전시회를 참관하기 전에 자신이 관심 있는 아이템에 대한 국내시장정보를 확보해서 해외공급업체와 구체적인 상담을 나누는 것이 좋다.

아이템별로 유명한 전시회 목록은 제3장에 소개한 내용을 참조하도록 한다.

# 해외공급업체는 어떻게 접촉할 것인가?

해외공급업체를 처음 접촉할 때 거래제안서를 장황하게 작성하는 것은 별 도움이 되지 않는다. 해외공급업체의 입장에서는 잘 알지도 못하는 상대방으로부터 장황한 내용의 거래제안서를 받으면 읽어보지도 않고 무시해버릴 가능성이 높다.

따라서 처음 거래제안서를 보낼 때는 다음에 소개하는 예문과 같이 가급적 짧고 명료하게 자신의 의사를 전달하는 것이 바람직하다. 좀 더 구체적인 내용은 상대방으로부터 거래제안서에 대한 답신을 받은 다음에 해도 늦지 않는다.

We owe your name and address to KOMPASS and learned that you are a reliable manufacturer of office equipment.

As an importer of office equipment, we are looking for a new supplier of various office equipment that can be introduced in Korean market.

If you are able to supply any office equipment for Korean market, please send us your catalog together with your best export prices for our review.

We thank you in advance for your kind cooperation.

거래제안서를 메일로 보내면 스팸으로 처리되어 읽어보지도 않고 삭제될 가능성이 있으므로 가능하다면 팩스 또는 서신으로 작성해서 보내는 것도 시도해볼 만하다.

해외공급업체의 입장에서는 이미 국내에 있는 다른 업체와 거래를 하고 있을 수도 있고 한국시장에 관심이 없을 수도 있으므로 초기에는 가급적 여러 업체를 접촉해서 긍정적인 답변을 보내오는 업체와 좀 더 집중적인 상담을 벌이는 것이 바람직하다.

# 수입원가는 어떻게 계산하나?

해외공급업체와의 상담이 본격화되면 가격표를 받아서 수입경쟁력을 검토해야 한다. 이때 물건을 인수하기까지의 수입원가를 계산하기 위해서는 공급업체가 제시하는 가격에다 거래조건별로 운송비, 보험료, 통관비용 등을 더해야 한다.

예를 들어 거래조건이 FOB라면 공급업체에서 제시한 가격에 해상운송비와 보험료, 수입통관비, 국내운송비용 등을 더해야 하고, CIF라면 수입통관비용과 국내운송비용만 더하면 된다. 이 중에서 운송비와 보험료는 각각 포워더와 보험회사에 문의해서 확인하고 수입통관비용은 관세사에게 문의하면 된다.

수입품에는 관세 외에 품목에 따라 부과되는 개별소비세, 교통 · 에너지 · 환경세, 주세, 교육세, 농어촌특별세 및 부가가치세 등의 내국세가 부과되며 부과대상 및 세금산출식은 다음과 같다.

| 세금명 | 부과대상 | 세금산출식 |
|---|---|---|
| 개별소비세 | 사치성품목, 소비억제품목, 고급 내구성 소비재 | (과세가격+관세)×개별소비세율 |
| 교통 · 에너지 · 환경세 | 휘발유, 경유 등 유류 | 수입물량×교통 · 에너지 · 환경세율 |
| 주세 | 주정 및 각종 주류 | 주정 : 주정의 수량×주세율<br>주류 : (과세가격+관세)×주세율 |
| 교육세 | 개별소비세, 교통 · 에너지 · 환경세, 주세 납부품목 | 개별소비세, 교통 · 에너지 · 환경세, 주세액×교육세율 |
| 농어촌특별세 | 관세감면물품, 개별소비세 납부물품 | (감면세액 또는 개별소비세납부물품)×농어촌특별세 |
| 부가가치세 | 모든 수입품 | (과세가격+관세+기타세금)×10% |

* 수입시 납부한 부가가치세는 추후 환급받게 되므로 수입원가에는 포함시키지 않는다.

한편 수입통관 시 부과되는 모든 종류의 세금을 통합해서 하나의 세율을 적용하는 것을 간이세율이라고 하며 다음과 같은 물품을 일정금액 이하로 수입할 때 신속한 통관을 위하여 간이세율을 적용한다.

### 1. 여행자휴대품 또는 별송품

- 여행자가 개인용품이나 선물을 휴대하여 반입하는 경우
- 여행자 개인용품을 화물로 탁송하여 반입하는 경우

## 2. 우편물

- 외국의 친지나 친구로부터 우편을 통해 송부된 선물
- 국내거주자가 대금을 송부하고 자가사용으로 구입하여 반입한 우편물(이 경우 일반수입에 제한사항이 있거나 1,000불을 초과하는 경우 정식수입신고절차에 따라야 함)

## 3. 탁송품 또는 특급탁송품

- 외국의 친지, 친구 및 관계회사에서 기증된 선물 또는 샘플이나 하자보수용 물품 등
- 국내거주자가 개인용으로 사용하기 위하여 인터넷 등 통신을 통하여 대금을 지불하고 구입하여 반입한 화물

# 그밖에 확인해야 할 것들

## 1. 독점권

해외공급업체와의 상담과정에서 상대방이 공급하는 물건을 다른 국내업체도 취급하고 있는지, 아직 취급하는 업체가 없다면 국내판매독점권을 줄 수 있는지 여부를 협의하는 것이 좋다. 아직 국내에 소개되지 않는 수입품이라면 국내시장에 알리기 위해서 다양한 프로모션이 필요한데 그런 프로모션을 통해서 국내시장에 알려지고 난 후 다른 업체에서 해당 물건을 동시에 수입하게 되면 곤란한 입장에 처할 수가 있다.

따라서 처음 수입을 하기 전에 상대방으로부터 독점권을 부여받거나 상대방이 처음부터 독점권을 부여하는 걸 꺼린다면 임시라도 독점적인 지위를 보장받거나 목표액을 설정해서 해당 목표액을 달성하는 조건으로 독점권을 부여받는 식으로 협상을 벌이는 것이 좋다.

하지만 아이템의 특성상 독점권이 필요 없거나 상대방의 입장에서 처음부터 독점적으로 거래하기가 어려운 상황이라면 무리하게 독점권을 요구하기보다는 일단 거래를 트고 나서 판매능력을 보여주면서 자연스럽게 독점권을 유도하는 것이 바람직하다.

## 2. 품목별 수입요령

수입할 품목이 정해지면 해당 품목의 HSK 코드를 확인해서 한국무역협회 사이트에서 제공하는 품목별 수출입요령 메뉴에 들어가서 해당 품목에 대한 수입을 규제하는 개별법이 있는지를 확인해야 한다.

아이템에 따라서는 전면적으로 수입이 금지되거나 특정국가로부터 수입이 금지되는 경우도 있으며 별도의 허가나 승인을 요구하는 경우도 있으므로 계약을 체결하기 전에 관련규정을 확인해서 수입통관 시 문제가 발생하지 않도록 대비해야 한다. HSK 코드나 품목별 수출입요령을 직접 확인하기 어렵다면 관세사에게 문의하면 된다.

## 3. 원산지제도

원산지란 물품이 성장, 생산, 제조 또는 가공된 국가를 의미하며 원산지별로 각기 다른 통관규정이나 관세율이 적용될 수 있다. 원산지를 판정하는 기준은 국가나 품목에 따라 달라지므로 별도로 확인해야 한다. 우리나라의 원산지관리는 원산지판정제도, 원산지표시제도, 원산지확인제도로 나누어지며 구체적인 내용은 다음과 같다.

### 1) 원산지판정제도

원산지판정기준에 따라 물품의 원산지가 어디인지를 판정하는 것으로서, 원산지판정기준은 물품의 전부를 생산, 가공, 제조한 나라를 원산지로 하는 완전생산기준을 원칙으로 하나, 2개국 이상에 걸쳐 물품이 생산, 가공, 제조된 경우에는 물품의 본질적 특성을 부여하기에 충분한 정도의 실질적인 생산, 가공, 제조 과정이 최종적으로 수행된 나라를 원산지로 한다.

또한 원산지가 아닌 국가를 경유하지 않고 직접 우리나라에 운송, 반입된 물품에 한하여 원산지를 인정하되 지리적, 운송 상의 이유로 원산지가 아닌 국가를 단순 경유하는 경우로서 원산지가 아닌 국가에서 환적되는 경우에는 우리나라로 직접 반입한 것으로 본다.

### 2) 원산지표시제도

최종소비자를 보호하기 위하여 개별물품에 원산지를 표시토록 하는 것으로서, 모든 수입물품은 물품 자체에 원산지를 표시하는 것이 원칙이나 해당 물품에 원산지를 표시하는 것이 불가능한 경우에는 해당 물품의 포장이나 용기 등에 원산지를 표시할 수 있다. 또한 수입 후 실질적 변형을 일으키는 제조공정에 투입되는 부품 및 원재료로서 실수요자가 직접 수입하는 경우 등과 같이 특별한 경우에는 원산지 표시의무를 면제받을 수 있다.

원산지표시는 한글, 한자 또는 영문으로 하여야 하며, 원산지 : 중국, 中國産, MADE IN CHINA, PRODUCT OF CHINA 등과 같이 표시한다.

수입세트물품의 경우 당해 세트물품을 구성하는 개별 물품들의 원산지가 2개국 이상인 경우에는 개별 물품에 각각의 원산지를 표시하고, 세트물품의 포장이나 용기에는 Made in China, India와 같이 개별물품의 원산지를 모두 나열해서 표시하여야 한다.

### 3) 원산지확인제도

관세법, 조약, 협정 등에 의하여 원산지에 따라 특혜관세율이 적용되거나 관세가 면제되는 경우 또는 별도의 통관규정이 적용되는 경우에 해당 물품의 원산지를 확인하는 제도로서, 원산지 확인대상품목을 수입할 때는 해당 물품의 원산지를 증명할 수 있는 원산지증명서(Certificate of Origin)를 제출하여야 한다.

원산지증명서는 수입신고일로부터 1년 이내에 발행된 것이라야 하며, 원산지국가의 세관이나 상공회의소 기타 발급권한이 있는 기관 또는 업체에서 발행한 것이라야 한다.

특혜관세를 적용받거나 면세 받고자 하는 경우에는 해당 특혜적용내역에 따라 각각 GSP원산지증명서, GSTP원산지증명서, APTA원산지증명서, FTA원산지증명서 등 해당 특혜 내역에 적합한 원산지증명서를 제출해야 한다.

원산지국가에서 바로 수입되지 아니하고 제3국을 경유하여 수입된 물품에 대하여 경유국에서 원산지증명서가 발급된 경우에는 원산지국가에서 발행된 원산지증명서를 기초로 발급된 것이라야 한다.

## 4. 검역제도

검역제도란 수출입화물의 이동에 따른 전염병의 확산을 방지하기 위한 제도로서 동물검역, 식물검역, 목재화물포장에 대한 검역 등이 있으며 주요 내용은 다음과 같다.

### 1) 동물검역제도

동물 및 축산물의 수출입 시 가축전염병이 유입되거나 유출되는 것을 방지하기 위하여 시행하는 제도로서, 우리나라에서는 가축전염병 예방법에 따라 검역이 이루어진다.

검역대상물로 지정된 동물이나 축산물을 수입하기 위해서는 수출국 정부기관에서 발행한 검역증명서를 제출하여야 하며, 지정된 장소에서 검역을 받아야 한다.

### 2) 식물검역제도

식물의 수출입거래 시 병균과 해충이 외국으로 나가거나 외국에서 들어오는 것을 방지하기 위해서 시행하는 제도로서, 우리나라에서는 식물방역법에 따라 검역이 이루어진다.

병해충을 확산시킬 우려가 있는 식물에 대한 검사, 이동 금지나 제한, 소독 등의 조치가 이루어지며, 흙과 흙이 부착된 식물은 수입을 금지한다.

## 5. 병행수입제도

병행수입(parallel import)이란 국내독점판매권을 갖고 있지 않은 일반 수입업체가 외국에서 적법하게 유통되는 상품을 국내로 들여오는 것을 뜻하며, 우리나라에서는 수입 공산품의 가격 인하를 유도하기 위해 1995년 11월부터 일부 예외규정을 두고 병행수입을 허용하고 있다.

이때 해당물품의 상표가 상표권자 또는 사용권자에 의해 적법하게 부착된 진정상품이어야 하고, 해당 물품에 부착된 상표의 국내외 상표권자가 동일인 관계에 있거나, 국내외 상표권자가 동일인이 아니라도 국내 상표권자가 외국의 상표권자가 생산한 진정상품을 수입판매하는 경우에는 병행수입이 허용된다. 여기서 동일인 관계란 국내외 상표권자가 동일인이거나 계열회사 관계(주식의 30% 이상을 소유하면서 최다 출자자인 경우), 수입대리점 관계 등 동일인으로 볼 수 있는 관계를 말한다.

외국 상표권자와 동일인 관계가 아닌 국내 상표권자(전용사용권을 설정한 경우 전용사용권자)가 수입은 하지 않고 제조·판매만 하는 경우에는 병행수입이 허용되지 않는다.

# 수입한 물건을 어떻게 팔 것인가?

수입비즈니스로 성공하기 위해서는 경쟁력 있는 아이템과 해외공급업체를 확보하는 것도 중요하지만 궁극적으로 국내 판매실적이 뒷받침되어야 한다. 아무리 좋은 아이템을 수입했다고 하더라도 팔리지 않으면 막대한 손해를 감수해야 한다. 따라서 수입비즈니스에 나서기 전에 어떤 경로를 통해서 어떻게 팔 것인지에 대한 구체적인 판매전략을 수립해야 한다. 수입품을 팔 수 있는 경로를 정리하면 다음과 같다.

## 1. 오픈마켓을 통해 판다

사업 초기에 별다른 준비나 시행착오 없이 가장 손쉽게 판매를 시작할 수 있는 방법이다. 오픈마켓에 등록하고 자신이 팔 제품을 등록하는 것만으로 수입판매를 시작할 수 있다. 오픈마켓에서 상위에 노출시키기 위해서 별도의 비용을 지출해야 하고 오픈마켓 운영사에 수수료를 떼어주어야 하는 불이익을 감수해야 하지만 소규모 수입업자로서 수입품을 팔기에는 가장 효율적인 방법 중에 하나이다. 구매자들의 평가나 후기가 판매신장에 중요한 역할을 하므로 제품포장이나 발송, 반송처리 등에 각별한 신경을 써야 한다.

## 2. 자체 웹사이트를 통해 판다

자체적으로 제작한 웹사이트를 통해서 팔 수 있다. 웹사이트를 제작하는 데 시간과 비용이 발생하지만 장기적으로 자기상품을 홍보할 수 있는 유용한 장치이므로 판매경로와 상관없이 제작해두는 것이 바람직하다.

웹사이트를 통한 판매에 주력할 경우 웹사이트를 소비자에게 홍보하는 것이 관건이다. 아무리 웹사이트를 잘 만들어놓았다고 하더라도 소비자들이 찾아오지 못하면 판매로 이어질 수 없기 때문이다. 따라서 인터넷검색광고, SNS를 활용한 홍보기법 등을 총동원해서 소비자들에게 웹사이트를 알리는 데 주력하고 다양한 할인 및 보너스상품을 제공하는 등의 마케팅전략을 수립해서 웹사이트를 통한 판매신장이 이루어질 수 있도록 만전을 기해야 한다.

## 3. 홈쇼핑을 통해 판다

홈쇼핑은 단시간에 매출을 극대화시킬 수 있는 가장 효율적인 방법

중에 하나이다. 홈쇼핑을 통해 수입품을 팔기 위해서는 우선 홈쇼핑에 입점하는 것이 관건이다. 홈쇼핑에서 취급하는 품목이 한정되어 있으므로 수입품이 홈쇼핑에 적합한 품목인지와 홈쇼핑에서 대량판매가 이루어질 수 있는 품목인지를 신중히 판단하여 홈쇼핑 업체를 접촉해야 한다.

홈쇼핑에서는 대량판매가 이루어질 수 있는 품목만이 입점할 수 있으므로 충분한 물량을 확보할 수 있는 자금력이 있어야 하고 홈쇼핑에서 요구하는 수수료를 감당하고도 소비자들에게 어필할 만큼의 가격경쟁력이 있어야 한다. 또한 판매수량이 예상수량에 못 미칠 경우 재고부담으로 인해 어려움에 처할 수도 있다는 것을 감안하여 재고처리 방안을 수립해두는 것이 바람직하다.

### 4. 대형유통업체를 통해서 판다

백화점이나 할인마트와 같은 대형유통업체에 입점하거나 납품하는 형태로 물건을 판매하는 방법이다. 대형유통업체의 특성상 소비자들에게 직접 어필할 수 있고 브랜드나 상품을 효과적으로 홍보할 수 있으므로 장기적으로 시장에 뿌리를 내리는 데 도움이 될 수 있으나, 대형유통업체와 거래를 트기가 쉽지 않고 '을'의 입장에서 대형업체를 상대해야 하는 불이익을 감수해야 한다. 백화점이나 할인마트에서 팔릴만한 특화된 상품을 확보할 수 있다면 도전해볼 만한 방법이다.

## 5. 국내유통업체를 통해서 판다

국내 판매를 해당 품목을 전문적으로 취급하는 유통업체에 일임하는 방식이다. 유통업자의 마진을 챙겨주어야 하므로 직접 판매할 때보다 마진폭은 줄어들지만 국내시장을 잘 알고 이미 전국적인 유통망을 확보하고 있는 유통업체를 통해서 판매가 이루어짐으로써 보다 효율적으로 단기간에 판매실적을 올릴 수 있으므로 개인수입업자로서 초기에 시장에 진입하는 데 따른 시행착오를 줄일 수 있는 방법이다. 유통업체의 입맛에 맞는 상품을 확보하고 유통업자의 결제방법 등에 합의하는 것이 관건이다.

## 6. 기업에 판매한다

각종 원료, 부품, 기계설비, 소모품 등과 같이 기업에서 필요로 하는 제품을 수입해서 직접 기업에 판매할 수 있다. 개별기업을 상대해야 하므로 제품을 소개하고 판매로 이어지기까지의 과정이 복잡하고 시간이 많이 걸린다는 단점이 있으나 일단 초기 판매가 이루어지면 해당 실적을 바탕으로 다른 기업으로의 판매를 확대가 용이해진다. 특히 원료, 부품, 소모품의 경우 한 번 거래를 뚫으면 지속적인 판매를 기대할 수 있다는 장점이 있다.

# 리스크 관리는 어떻게 할 것인가?

수출과 달리 수입에 대해서는 국가에서 별다른 지원을 받을 수 없다. 한국무역보험공사에서 운영하는 무역보험도 수출보험 위주로 운영되고 있다. 명목상 수입보험이 포함되어 있으나 극히 제한적으로 운영되고 있으며 일반상품의 경우에는 전혀 혜택을 받을 수 없다. 따라서 수입비즈니스를 할 때는 대부분의 리스크를 자체적으로 대비하고 관리해야 한다. 수입에 따르는 리스크의 종류 및 대처방안은 다음과 같다.

## 1. 무역사기

수입과 관련한 가장 대표적인 사기수법은 물품대금을 사전에 송금하도록 하고 물건을 보내지 않는 것과 신용장방식의 거래에서 계약된 물건이 아닌 다른 물건을 선적하는 것이다. 전자의 경우 상대방이 의도적으로 돈을 떼어먹으려고 한다면 외국에 거주하는 사람을 상대로 문제를 해결하기가 현실적으로 쉽지 않다. 따라서 가급적 신용이 불확실한 거래처와는 사전송금방식의 거래를 지양하고 부득이 사전송금방식으로 거래를 해야 한다면 자신이 감당할 수 있는 금액 범위 내에서만 받아들이도록 한다.

후자의 경우는 신용장방식의 거래에서 서류상 이상이 없으면 대금이 지급된다는 것을 악용하는 전형적인 사기수법으로서 수입자의 입장에서 이와 같은 사기수법에 걸려들지 않으려면 물건이 선적되기 전에 직접 확인하는 수밖에 없다.

하지만 현실적으로 수입자가 직접 물건을 확인하기가 쉽지 않으므로 SGS와 같은 검사대행업체로 하여금 물건을 검사하도록 하고 해당 업체에서 발행하는 inspection certificate를 선적서류와 함께 제출해야만 대금이 지급되도록 신용장에 명기함으로써 다른 물건이 실리는 것을 예방하도록 한다.

## 2. 환율의 변동

수출과 마찬가지로 수입의 경우에도 계약시점과 결제시점의 환율차이로 인해서 예상치 못한 손해를 볼 수 있다. 계약시점의 환율을 기준으로 수입원가를 산정했는데 결제시점에 환율이 상승할 경우 상승분만큼의 손해를 감수해야 하는 것이다.

한국무역보험공사에서는 수입거래에서 발생하는 환차손에 대해서도 보상해주는 수입환변동보험을 운영하고 있으나 그 대상을 원유, 석탄, 천연가스 등 국민경제에 중요한 자원과 수출용원자재(외화획득용원료)로 제한하고 있어서 일반상품의 경우에는 개별기업에서 별도로 환리스크를 관리해야 한다.

특히 사후송금방식이나 usance L/C 등과 같은 외상수입방식으로 수입했다가 결제시점에 환율이 폭등하는 경우에는 막대한 손해를 볼 수도 있으므로 금융기관과 선물환계약을 해두거나 미리 외화를 확보해 두는 것이 바람직하다.

## 3. 재고부담

수입비즈니스에서 가장 문제가 되는 것 중에 하나가 바로 재고다. 한동안 잘나가던 수입상들이 악성재고로 무너지는 경우가 비일비재하다. 특히 계절상품의 경우 잘못된 판매 예측으로 인한 악성재고의 발생은 끔찍한 결과를 초래할 수 있다.

그렇다고 무작정 재고를 남기지 않겠다고 소극적으로 물량을 조절하다보면 물건이 없어서 못 파는 안타까운 경우가 발생한다. 수입의 경우 한 번 재고가 떨어지면 추가물량을 들여오는 데 많은 시간이 걸리기 때문에 힘들게 개척해 놓은 시장을 경쟁사에 뺏기는 결과를 초래할 수도 있다.

따라서 수입비즈니스로 성공하기 위해서는 가급적 악성재고의 부담을 최소화하면서도 재고가 떨어지는 일이 없도록 판매추이의 정확한 분석과 철저한 재고관리가 무엇보다 중요하다.

〈수입업무의 흐름〉

① 아이템 개발 및 국내시장조사 → ② 해외공급업체 개발 → ③ 해외공급업체와 계약조건(description, quantity, unit price, amount, trade terms, packing, shipping port, destination, shipment date, payment terms)에 합의 → ④ 해외공급업체로부터 proforma invoice 접수 → ⑤ 해외공급업체에게 T/T 송금 혹은 L/C 개설 → ⑥ EXW, FOB, FAS, FCA, CFR, CPT 중 한 가지 조건으로 계약했을 때 적하보험에 가입 → ⑦ 직접 또는 은행을 통해서 선적서류 입수 → ⑧ 관세사를 통해서 수입신고하고 세관으로부터 수입신고필증 수령 → ⑨ 물품 인수

# 제6장

## 업종별 창업실무 무역에이전트

# 무역에이전트란 무엇인가?

무역에이전트란 수출 또는 수입업체의 에이전트로서 무역거래를 성사시키고 커미션을 받는 사람 또는 회사를 뜻한다. 무역에이전트하면 우선 오퍼상이나 바잉에이전트를 떠올리는데 원래 오퍼상이란 외국수출업체의 국내에이전트를 뜻하고 바잉에이전트란 외국수입업체의 국내에이전트를 뜻한다.

이밖에도 국내제조업체의 수출에이전트로서 해외시장을 개척해서 수출오더를 받아주거나 국내유통업체의 수입에이전트로서 해외공급자를 찾아내서 수입오더를 성사시키고 커미션을 받는 경우도 있으며 외국수출업체의 에이전트로서 국내뿐만 아니라 전 세계 또는 동남아시아지역을 총괄하는 에이전트로서 시장을 개척해주고 커미션을 받을 수도 있다.

# 무역에이전트의 역할은 무엇인가?

무역에이전트로서 성공하기 위해서는 무엇보다 무역에이전트의 역할이 필요한 아이템이나 거래처를 확보해야 한다. 단순히 셀러와 바이어에 대한 정보를 안다는 이유만으로 거래에 개입해서 수수료를 챙기는 것은 무역에이전트라기보다는 무역브로커라고 부르는 것이 타당하다.

이와 같이 별다른 역할도 없이 단순히 무역거래를 알선해주고 수수료를 받는 무역브로커의 생명은 오래갈 수가 없다. 한두 번 거래가 이루어진 후에 거래당사자 간에 직거래를 시도할 것이기 때문이다. 선적서류상에 거래당사자의 상호와 주소가 노출되기 때문에 거래당사자 간에 직접 연락하는 것을 막을 방법이 없다.

따라서 무역에이전트로서 롱런하기 위해서는 바이어와 셀러가 서로 상대방에 대해서 잘 알고 있더라도 에이전트를 통해서 거래하는 것이 유리하다고 판단할 정도의 역할이 있어야 한다. 무역에이전트의 주요 역할은 다음과 같다.

### 1. 정보원

수출자 또는 수입자가 필요로 하는 시장정보를 제공해주는 역할이다. 수출자의 입장에서는 해외시장이 어떻게 돌아가고 현지에서의 경쟁업체는 누구이며 시장가격은 어떻게 형성되어 있는지 등에 관한 정보가 필요하고, 수입자는 해외에서 물건을 공급해줄 만한 업체는 누구고 해당 업체의 주 거래처는 누구며 현지시장에서의 평판은 어떤지 등과 같은 정보가 필요하다.

이러한 정보를 수출자나 수입자가 직접 입수하는 데는 한계가 있기 때문에 현지에 연고가 있고 현지에서 살고 있는 에이전트가 보다 생생하고 구체적인 정보를 입수해서 수출자 또는 수입자에게 제공함으로써 수출자 또는 수입자가 해당 국가 또는 지역과 무역거래를 하는 데 도움을 줄 수 있다.

### 2. 로비스트

좋은 의미에서의 로비스트 역할이다. 특히 수출자가 해외시장을 개척할 때 경쟁업체와의 경쟁을 물리치고 오더를 따내기 위해서는 현지에서 자신을 대신해서 고객을 접촉하고 로비역할을 할 사람이 있는 것이 유리하다.

대부분의 일반상품의 경우에는 이런 로비스트의 역할이 필요 없으나 거래규모가 크고 경쟁이 치열한 플랜트설비, 군사장비 등과 같은 시장을 개척할 때는 로비스트의 역할이 필요한 경우가 많다.

수입자의 경우라면 물량공급이 딸려서 공급자가 우위에 있을 때 공급자를 설득해서 물량을 확보해 줄 현지인이 필요한 경우에 해당된다.

## 3. 조정자

거래상대방과 가격이나 결제조건 등과 같은 핵심적이면서도 합의가 쉽지 않은 조건들을 협의할 때 중간에서 이견을 조정해주고 거래가 진행되는 동안 또는 거래가 끝난 후에 분쟁이 발생했을 때 분쟁을 조정해주는 조정자로서의 역할을 수행할 수 있다.

부동산 거래를 할 때 매도자와 매수인이 직접 협상을 하는 것보다 중간역할을 하는 중개인을 통해서 협상을 하는 것이 합의에 이르기 쉬운 것처럼 에이전트를 통해서 가격이나 결제조건을 협의하고 분쟁을 해결하는 것이 거래당사자 간에 직접 협상을 진행하는 것보다 좀 더 쉽고 빨리 합의를 이끌어낼 수 있으므로 조정자로서의 에이전트의 역할이 필요하다.

## 4. 오더관리

주문한 물건이 착오 없이 생산되고 선적될 수 있도록 수출자 또는 수입자의 입장에서 관리하는 역할이 필요하다.

수출자의 입장에서는 계약 시 합의한 결제조건대로 수입자가 대금을 송금하거나 신용장이 개설되는지를 확인하고 주문한 물건의 생산이나 선적이 늦어질 경우 수출자를 대신해서 수입자에게 상황을 설명하고 양해를 구하는 에이전트의 역할이 필요하다.

한편 수입자의 입장에서는 주문한 물건이 적시에 생산되고 선적될 수 있도록 점검하고 물건의 생산이나 선적이 지연될 경우 수입자를 대신해서 수출자를 재촉할 수 있는 에이전트의 역할이 필요하다.

## 5. 애프터서비스

기계설비와 같이 국내기업에 일대일로 판매하는 물건의 경우 기계가 작동하지 않거나 고장이 났을 때 외국수출업체를 대신해서 애프터서비스를 제공해줄 에이전트가 필요한 경우가 있다.

국내고객사의 입장에서 보았을 때 외국에서 수입했다가 발생하는 문제를 외국수출업체에서 직접 해결해준다고 한다면 절차도 복잡하고 시간도 많이 걸리기 때문에 수입을 꺼려할 수도 있으며, 외국수출업체의 입장에서도 수출한 기계에 문제가 발생할 때마다 엔지니어를 외국까지 보내서 문제를 해결하기가 쉽지 않기 때문에 현지에서 자신을 대신해서 애프터서비스를 제공해줄 에이전트의 역할이 절실하게 필요할 수 있다.

## 6. 품질검사

바잉에이전트의 경우 바이어를 대신해서 수입할 물건의 수량과 품질을 확인하는 것이 중요한 역할 중에 하나이다. 바이어의 입장에서 보면 주문한 물건이 제대로 만들어졌는지와 계약된 물량이 제대로 실리는지를 사전에 확인하는 것이 중요하다.

물건이 도착하고 나서 이런 물건이 잘못 만들어지고 수량이 부족한 것이 발견되면 해결하기가 쉽지 않기 때문이다. 물론 이와 같은 확인 업무는 SGS와 같은 검사대행업체에게 맡길 수도 있지만 단계별로 보다 세밀한 품질검사를 하기 위해서 바잉에이전트의 역할이 필요할 수 있다.

수출업체나 수입업체의 입장에서 보면 개별기업이 취급하는 품목이나 거래내용에 따라서 각기 필요로 하는 에이전트의 역할이 다를 수 있다. 분명한 것은 모든 아이템이나 거래처에게 위에 언급한 에이전트의 역할이 필요한 것은 아니다. 수출자나 수입자가 어떤 아이템을 취급하는지 또는 어떤 입장에 있는지에 따라 에이전트의 역할이 필요할 수도 있고 필요하지 않을 수도 있다. 따라서 무역에이전트로서 성공하기 위해서는 에이전트의 역할이 필요한 아이템이나 거래처를 확보하는 것이 관건이라고 할 수 있다.

# 무역에이전트가 필요한 아이템은 무엇인가?

무역에이전트가 필요한 아이템은 앞서 언급한 무역에이전트의 역할이 필요한 아이템과 연관 지어서 찾으면 된다.

즉 외국수출업체의 국내에이전트로서 일하려면 외국수출업체에게 국내시장정보를 제공해주고, 해당 업체의 물건이 팔릴 수 있도록 로비스트로서의 역할을 수행하며, 오더협상과정이나 분쟁이 발생 시 조정자로서의 역할을 수행하고, 오더가 진행되는 과정에서 오더관리자로서의 역할을 수행할 수 있고 필요시 애프터서비스를 제공할 만한 아이템을 찾으면 된다.

아이템에 따라서 위에 언급한 역할이 모두 필요할 수도 있고, 부분적으로 필요할 수도 있으며, 거래규모가 크고 경쟁업체와 경쟁이 심해서 에이전트의 역할이 절대적으로 필요한 경우도 있고, 에이전트가 있으면 좋지만 없어도 크게 문제될 것이 없는 경우도 있다.

따라서 외국수출업체의 국내에이전트로서 성공하려면 외국수출업체의 입장에서 보았을 때 에이전트의 역할이 절대적으로 그것도 가급적 다양한 역할이 필요한 아이템을 찾는 것이 바람직하다. 거래규모가 크고 거래가 진행되는 과정에서 여러 가지 문제에 봉착할 수 있는 원자재나 기계설비, 플랜트 등이 여기에 해당된다고 볼 수 있다.

한편 외국수입업체의 바잉에이전트로 일하려면 오더관리자나 품질검사자로서의 역할이 필요한 아이템을 찾는 것이 바람직하고, 국내제조업체의 수출에이전트로 일하려면 자체적으로 해외시장개척능력이 떨어지는 업체가 취급하는 아이템을 찾으면 된다.

# 무역에이전트가 필요한 업체를 어떻게 찾을 것인가?

에이전트가 필요한 외국업체에 대한 정보를 별도로 제공하는 웹사이트나 책자는 없다. 따라서 개별적으로 다양한 방법을 동원하여 에이전트가 필요할 만한 업체를 찾아나서야 한다.

우선 알리바바와 같은 인터넷무역거래알선사이트를 통해서 에이전트가 필요한 업체에서 올린 게시물을 찾아볼 수 있으나 이런 경로를 통해서 유력한 외국업체를 찾기는 쉽지 않다. 인터넷무역거래알선사이트의 경우 에이전트가 필요한 업체보다는 직접 무역거래를 할 파트너를 구하는 경우가 대부분이며 유명업체의 경우에는 아예 이런 사이트를 이용하지 않는 경우도 많기 때문이다.

따라서 인터넷사이트에만 의존하지 말고 보다 적극적으로 에이전트가 필요할 만한 업체를 찾아나서야 한다. 우선 활용할 수 있는 것이 KOMPASS와 같은 무역디렉토리다. 무역디렉토리에는 전 세계의 제조업체, 수출업체, 수입업체가 망라되어 수록되어 있으므로 에이전트의 역할이 필요할 만한 아이템을 취급하는 업체를 접촉해서 에이전트가 필요한지 여부를 확인해볼 필요가 있다.

물론 이런 방법을 통해서 에이전트가 필요한 외국업체를 찾는 것이 쉬운 일은 아니다. 에이전트가 필요하지 않는 경우가 많고 에이전트가 필요한 경우라면 이미 에이전트가 있을 가능성이 높기 때문이다. 따라서 처음부터 에이전트가 필요한 업체를 만날 확률이 높지 않았다는 것을 각오하고 가급적 많은 업체를 접촉해서 조금이라도 확률을 높이려는 노력이 필요하다.

해외전시회에 참관해서 에이전트가 필요한 업체를 찾을 수도 있다. 현장에서 다양한 업체를 직접 접촉할 수 있으므로 보다 효과적으로 업체를 개발할 수 있다. 참관할 전시회를 선정할 때는 가급적 에이전트의 역할이 필요한 품목을 취급하는 전시회 위주로 선정하는 것이 바람직하다. 특히 외국수출업체의 국내에이전트를 희망하는 경우 에이전트의 역할이 미미한 일반상품을 취급하는 전시회보다는 기계설비나 첨단제품 등과 같이 에이전트의 역할이 상대적으로 높은 전시회를 선정해서 참관하는 것이 바람직하다.

한편 수출에이전트가 필요한 국내업체를 찾는 것도 쉽지 않다. 이들 업체들이 공개적으로 수출에이전트를 구한다는 광고를 하는 경우도 드물고 수출에이전트를 필요로 하는 업체에 관한 정보를 별도로 제공하는 사이트나 책자도 없기 때문이다.

따라서 수출에이전트가 필요한 업체가 나타나기를 기다리기보다는 보다 적극적으로 수출에이전트의 역할이 필요한 업체를 찾아나서야 한다. 수출에이전트가 필요한 업체는 인맥을 통해서 알아볼 수도 있으나 보다 적극적으로 알아보려면 경제신문을 활용하는 것이 좋다.

경제신문에는 매일같이 신제품을 개발하거나 유망중소기업, 강소기업에 관한 기사가 넘쳐난다. 이들 업체들을 접촉해서 해외시장을 개척해줄 수출에이전트가 필요한지를 확인해볼 필요가 있다. 물론 그들 업체 중에는 해외시장개척에 관심이 없거나 자체적으로 해외시장을 개척하려는 업체들도 많겠지만 사업 초기에 상품개발에만 매달리고 해외시장을 개척할 엄두를 못내는 업체들도 있을 수 있다. 이런 업체들 중에서 세계시장에서 경쟁력이 있는 아이템을 취급하는 업체를 찾아내서 수출에이전트로 일할 수 있는 기회가 있는지를 타진해 볼 필요가 있다.

# 무역에이전트로 일하기 위해서 국내외 업체를 어떻게 접촉할 것인가?

무역에이전트 일을 하기 위해서 외국의 수출 또는 수입업체를 접촉할 때는 우선 상대방을 알게 된 경위를 설명하고 상대방의 에이전트로 일하고 싶다는 뜻을 분명히 밝히는 것이 좋다. 개중에는 처음에 외국업체를 접촉할 때 에이전트로 일하고 싶다는 뜻을 숨기고 직접 거래를 할 것처럼 접촉했다가 나중에 에이전트가 되고 싶다고 말을 바꾸는 경우가 있는데 별로 권할만한 방법이 아니다.

외국수출업체 중에는 에이전트를 통하지 않고 자신이 직접 해외시장을 개척하고 싶어 하는 경우도 많은데 직접 수입할 것처럼 얘기했다가 나중에 말을 바꾸면 서로 시간만 낭비한 꼴이 될 수도 있다.

또한 외국수출업체 중에는 에이전트의 의미를 물건을 수입해다 파는 sales agent로 이해하는 경우도 있으므로 자신이 직접 물건을 수입하지 않고 외국수출업체를 대신해서 오더를 받아주고 커미션만 받는다는 뜻으로 commission agent라는 용어를 사용하는 것이 바람직하다.

외국수출업체의 국내에이전트로 일하기 위해서 외국수출업체를 처음 접촉할 때 보낼 메시지는 다음과 같이 작성한다.

We obtained your name and address from the Thomas Register, and learned that you are a leading supplier of various printing machines.

As a commission agent working with foreign suppliers, we specialize in printing machines and maintain a close relationship with many prospective printers in this market.

Based on our proven experience in this field, we would like to work as your agent in this market. As your agent, we will introduce your machines to our customers, obtain their orders and coordinate dealings between you and our customers. We will also provide you with periodical reports on the current situation in this market.

If you are interested in our services, please send us catalogs as well as a quotation including our commission.

We look forward to having an opportunity of working with your esteemed company.

또한 외국수입업체의 바잉에이전트로 일하기 위해서 외국수입업체를 처음 접촉할 때의 메시지는 다음과 같이 작성한다.

We learned from your announcement posted on the EC21 that you are looking for a buying agent in Korea who will deal with various clothing items.

We have been working with Korean manufacturers of various clothing items for many years, so can introduce to you reliable manufacturers in Korea and coordinate between you and them as your buying agent.

Please advise us if you are interested in our service so that we can submit more detailed proposal.

Assuring you of our best effort. and we look forward to hearing from you soon.

한편 국내업체의 수출 또는 수입에이전트로 일하기 위해서는 처음부터 자신의 의도를 정확히 설명하고 수출 또는 수입에이전트를 통해서 해외시장을 개척하거나 해외공급업체를 개척하는 것의 장점 등을 부가시켜서 수출 또는 수입에이전트가 커미션만 챙기는 것이 아니라 궁극적으로 수출 또는 수입업체의 이익을 극대화시키는 데 도움이 된다는 것을 인식시키는 것이 바람직하다.

# 에이전트 계약은 어떻게 체결할 것인가?

무역에이전트를 하기 위해서는 커미션을 지급할 업체와 에이전트계약을 체결해야 한다. 에이전트계약서 양식은 정해진 것이 따로 없으며 당사자 간의 합의에 따라 필요한 조항을 포함시키면 된다.

에이전트계약서의 구체적인 내용은 품목이나 거래형태, 에이전트의 역할 등에 따라 달라질 수 있으나 에이전트의 입장에서 반드시 포함시켜야 할 내용으로는 독점권 여부, 계약의 유효기일 및 계약연장 방법, 커미션 요율 및 지급시기 등이 있다. 이를 주제별로 정리해 보면 다음과 같다.

## 1. 독점권

에이전트의 입장에서는 독점권을 부여받는 것이 대단히 중요하다. 특히 외국업체의 국내에이전트로서 국내시장을 개척하거나 국내업체의 수출에이전트로서 해외시장을 개척할 때는 독점권이 있고 없고에 따라서 장기적으로 시장을 개척하는 데 큰 차이가 날 수 있다. 독점권 없이 시장개척에 나섰다가는 상품을 소개하느라 애만 쓰고 다른 경쟁 업체에게 시장을 뺏기는 상황이 벌어질 수도 있다.

따라서 처음부터 독점권을 부여받을 수 있도록 상대방을 설득하는 것이 중요하다. 그러기 위해서는 시장의 특성상 독점권이 없이는 에이전트로서 시장을 개척하기가 어렵다는 점을 설명하고 독점권을 부여받으면 어떤 식으로 시장을 개척하겠다는 계획을 소상히 밝힘으로써 상대방의 믿음을 이끌어내야 한다.

하지만 처음부터 독점권을 부여받는 것이 쉬운 일은 아니다. 상대방의 입장에서 보면 에이전트의 능력이 확인되지 않는 상태에서 독점권을 부여했다가 초기 시장개척에 실패할 수도 있기 때문에 일정기간 동안 독점권이 없이 에이전트로서 일하는 것을 지켜보고 능력이 확인된 후에 독점권을 부여하려고 할 수도 있다.

에이전트로서는 처음부터 정식으로 독점계약을 체결하고 일하는 것이 바람직하지만 상대방에서 끝내 처음부터 독점권을 부여하는 것을 받아들이지 않는다면 대안을 마련해야 한다. 대안으로서는 첫째, 일정기간 동안만이라도 임시로 독점적인 자격을 부여하고 그 결과에 따라 정식으로 독점계약을 체결하는 것과 둘째, 에이전트가 접촉하는 고객에 한해서라도 독점적인 권리를 인정해주도록 합의하는 것이다.

만일 상대방으로부터 독점권과 관련해서 그 어떤 양보도 이끌어낼 수 없다면 더 이상 독점권에 연연해하지 말고 고객을 개발해서 거래를 성사시키는 데 주력해서 자신의 능력을 입증한 후에 독점권 문제를 다시 협의하는 것이 바람직하다.

독점권은 국내시장에 한해서 부여받을 수도 있고 동남아시아와 같은 지역을 대상으로 부여받을 수도 있다. 외국수출업체의 지역에이전트로 일할 때는 해당 지역 전체에 대해서 독점권을 부여받는 사실을 명확히 해두는 것이 좋다.

독점권 문제는 에이전트를 지정하는 측에서도 제기될 수 있다. 즉 독점에이전트로 지정할 경우 에이전트를 지정한 측에서 에이전트에게 자신의 경쟁업체와는 거래하지 말라고 요청할 수 있다. 에이전트에게 독점권을 부여하는 대가로 에이전트도 자사제품 외에 다른 회사의 물건은 취급하지 말라고 요청하는 것이다.

이런 요청은 그대로 받아들이던가 해당 업체에서 취급하는 물건은 독점적으로 해당 업체의 물건만을 취급하고 해당 업체에서 취급하지 않는 물건은 다른 업체의 물건도 취급하는 것을 허용해달라는 식으로 절충안을 제시해볼 필요가 있다.

## 2. 유효기일

유효기일과 관련한 조항에는 다음 예문과 같이 유효기일을 언제까지로 할지와 유효기일을 어떻게 연장할지가 명시되어야 한다.

This Agreement shall be effective for an initial period of (     ) years from the effective date of this Agreement, and shall be extended automatically for a period of one year unless there is written notice from either party not less then (     ) days prior to expiration date.

에이전트계약의 유효기일은 계약일로부터 2년 정도를 잡는 경우가 많으나 에이전트의 입장에서는 가급적 유효기일이 긴 것이 좋으므로 협상과정에서 보다 긴 유효기일을 확보할 수 있도록 노력해야 한다.

유효기일을 언제로 하느냐 못지않게 중요한 것이 유효기일을 어떤 식으로 연장할 것이냐 하는 것이다. 위의 예문에서 보듯이 계약만료일 이전 일정기간 전까지 서면으로 통지하지 않으면 자동으로 연장된다는 문구를 집어넣는 것이 무난하다.

## 3. 커미션

에이전트의 입장에서 가장 중요한 것이 바로 커미션을 얼마 받느냐 하는 것이다. 커미션을 얼마로 하느냐에 대해서는 정해진 원칙이 없다. 대부분 오더금액의 일정요율을 곱해서 커미션금액을 정하지만 바잉에이전트의 경우에는 오더금액과 상관없이 고정급을 지급받기도 하고 고정급과 성과급을 혼합해서 정하기도 한다.

커미션을 오더금액의 일정요율을 곱해서 정할 경우에 커미션요율을 어떻게 정할지에 대해서도 정해진 원칙이 없다. 일반적으로 오더금액의 3~5% 수준에서 결정되지만 에이전트의 역할이 큰 아이템(예를 들어 애프터서비스가 필요한 기계설비 등)은 10% 이상의 고율이 적용되기도 하고 거래규모가 큰 원자재의 경우에는 1% 미만의 요율이 적용되기도 한다.

에이전트의 입장에서는 무조건 높은 커미션 요율을 주장할 것이 아니라 상대방이 받아들일 수 있는 한도 내에서 적정한 요율에 합의하는 것이 바람직하다. 커미션이라는 것이 결국 오더가 성사되어야 받을 수 있는 돈인데 커미션을 더 받으려다가 가격경쟁력이 약화될 수도 있기 때문이다.

개중에는 커미션 요율을 정하지 않고 에이전트가 임의로 가격을 올려서 제시하고 차액을 커미션으로 지급받는 사람도 있지만 이는 장기적으로 권할만한 방법은 아니다. 이런 식으로 하면 한두 번은 많은 커미션을 챙길 수 있지만 수출자 측에서 에이전트가 챙기는 커미션이 커지는 만큼 물건 값을 올리려들기 때문에 가격을 정할 때마다 에이전트와 수출자 사이에 신경전을 벌여야 하는 문제가 발생할 수 있다.

커미션은 거래당사자 중 한쪽에서만 받는 것이 원칙이며, 커미션을 지급하는 쪽의 에이전트로서 해당 업체의 이익을 위해서 일하고 그 대가로서 커미션을 받는다고 이해하면 된다. 개중에는 자신이 에이전트로 일하는 업체로부터 커미션을 받으면서도 거래상대방으로부터도 커미션을 챙기는 경우가 있는데 결코 바람직한 방법이 아니다.

커미션은 해당 오더의 대금결제가 완료되고 물건이 수입자에게 안전하게 인도된 후에 지급되는 것이 원칙이다. 외국업체로부터 커미션을 지급받기 위해서는 인보이스에 거래은행명과 계좌번호를 명시해서 발행하면 된다. 수출에이전트로서 국내업체로부터 커미션을 지급받을 때는 세금계산서를 발행해야 한다.

에이전트의 입장에서 가장 걱정스러운 것 중에 하나가 상대방의 일방적인 계약해지에 의해서 그동안 쌓아놓은 거래관계를 포기해야 하는 경우다. 에이전트는 거래의 당사자가 아니므로 상대방이 악의적으로 계약연장에 반대하고 계약을 해지하겠다고 하면 에이전트로서는 대항할 방법이 없다.

이런 경우에 대비하기 위해서 에이전트계약서에 다음과 같은 보상조항을 포함시키는 것이 바람직하다. 다만 상대방에 따라서는 이와 같은 보상조항을 계약서에 포함시키는 것에 대해서 거부감을 가질 수도 있으므로 조심스럽게 접근해야 한다.

In the event of the agency contract being terminated by the principal, for any reason other than willful misconduct on the part of the agent, the agent shall be entitled to an amount to be paid to him by the principal by way of compensation for loss of good will suffered by the agent. Such compensation shall be an amount, equal to an indemnity for one year calculated from the agent's average annual sum, earned by the agent in respect of commission under the agency during the 5 years immediately preceding the said termination. In the event of the agency having existed for a shorter period than 5 years, the amount of the compensation shall be calculated on the average for the entire period of the agency.

# 무역에이전트가 해야 할 일은 무엇인가?

무역에이전트는 거래의 당사자가 아니기 때문에 오더가 진행되는 과정에서 자신이 주도적으로 일을 처리한다기보다 어느 한쪽의 에이전트로서 거래가 원활하게 이루어질 수 있도록 도와주는 역할을 수행하게 된다. 에이전트의 업무는 구체적으로 누구의 에이전트로 일하느냐에 따라서 다음과 같이 정리할 수 있다.

## 1. 외국수출업체의 국내에이전트로 일할 때

외국수출업체의 에이전트로 일하기 위해서는 우선 해당 업체에서 수출하는 아이템에 대한 상품지식을 습득하고, 해당 상품의 국내시장현황(유통구조, 시장규모, 시장가격, 경쟁자 동향 등)에 대한 정보를 수집해서 제공해야 한다.

또한 해당 상품을 수입할 국내거래처를 개발해서 오더가 성사될 수 있도록 외국업체와 국내거래처와의 협상을 중간에서 조율하는 역할을 수행하며, 계약이 체결된 후에 오더가 선적되고 대금결제가 이루어지는 과정을 점검하고 확인해서 문제가 발생하지 않도록 한다.

끝으로 거래가 진행되는 과정이나 거래가 끝나고 나서라도 문제가 발생할 경우 문제가 원만히 해결될 수 있도록 조정자로서의 역할을 수행한다.

## 2. 외국수입업체의 바잉에이전트로 일할 때

외국수입업체의 바잉에이전트로 일하기 위해서는 해당 업체에서 수입하고자 하는 물건의 공급처를 개발해서 계약조건 등에 대한 협의를 거쳐 계약이 이루어지기까지 수입업체의 에이전트로서 협상을 조율한다.

또한 물건이 적기에 선적될 수 있도록 스케줄을 점검하고 선적 전에 물건을 점검해서 수량이나 품질에 이상이 없는지를 확인한다.

끝으로 거래가 진행되는 과정이나 거래가 끝나고 나서라도 문제가 발생할 경우 문제가 원만히 해결될 수 있도록 조정자로서의 역할을 수행한다.

## 3. 국내업체의 수출에이전트로 일할 때

국내업체의 수출에이전트로 일하기 위해서는 국내업체로부터 수출할 아이템에 대한 자료를 입수해서 해외바이어에게 제출할 샘플과 수출가격표를 준비하고 해외바이어를 접촉해서 오더를 받아준다.

국내업체가 수출품을 준비해서 선적하기까지의 진행사항을 점검해서 해외바이어에게 통보하고 대금결제가 문제없이 이루어질 수 있도록 점검한다. 오더가 진행되는 과정에서 거래당사자 간에 필요한 서류들을 전달해주는 역할도 수행한다.

단 수출에이전트는 거래의 당사자가 아니므로 자신이 직접 서류를 작성하는 것이 아니라 거래당사자가 발행하는 서류를 전달만 해주면 된다. 만약 국내업체에서 무역서류를 작성할 능력이 없다면 선의 또는 별도의 수수료를 받고 무역서류를 작성해주던가 무역대행업체를 통해서 무역서류를 작성하도록 하면 된다.

또한 수출오더가 진행되는 도중이나 거래가 종결된 후라도 거래당사자 간에 발생하는 분쟁이 원만하게 해결될 수 있도록 조정자로서의 역할을 수행한다.

## 4. 국내업체의 수입에이전트로 일할 때

국내업체의 수입에이전트로 일하기 위해서는 국내업체로부터 수입할 아이템에 대한 정보를 입수하고 해당 아이템을 공급해줄 만한 해외업체를 접촉해서 계약이 체결될 때까지 국내업체를 대신해서 해외공급업체와의 협상을 진행한다.

계약이 체결된 후 주문한 물건이 무사히 도착할 때까지 업무가 원활히 이루어질 수 있도록 국내업체와 해외공급업체 사이에서 연락업무를 수행하고 수입과정 또는 사후에 문제발생시 문제가 원만히 해결될 수 있도록 조정자로서의 역할을 수행한다.

## 5. 외국수출업체의 지역에이전트로 일할 때

외국수출업체의 지역에이전트로 일하기 위해서는 해당 업체에서 수출하는 아이템에 대한 상품지식을 습득하고 해당 상품에 대한 지역시장현황(유통구조, 시장규모, 시장가격, 경쟁자 동향 등)에 대한 정보를 수집해서 제공한다.

또한 지역 내에서 해당 상품을 수입할 거래처를 개발해서 오더가 성사될 수 있도록 외국업체와 지역 내 거래처와의 협상을 중간에서 조율하는 역할을 수행하며, 계약이 체결된 후에 오더가 선적되고 대금결제가 이루어지는 과정을 점검하고 확인해서 문제가 발생하지 않도록 한다.

끝으로 거래가 진행되는 과정이나 거래가 끝나고 나서라도 문제가 발생할 경우 문제가 원만히 해결될 수 있도록 조정자로서의 역할을 수행한다.

# 그밖에 알아두어야 할 것들

## 1. 무역에이전트의 법적 책임

에이전트로서 무역거래를 알선했다가 거래상에 문제가 발생했을 때 에이전트는 어디까지 책임져야 할까? 결론부터 말하자면 에이전트는 계약의 당사자가 아니기 때문에 법적으로 책임질 일이 없다.

예를 들어 외국수출업체의 국내에이전트로서 거래를 알선했다가 외국수출업체가 계약을 제대로 이행하지 않아서 국내업체가 손해를 입었을 때 에이전트는 문제가 원만히 해결될 수 있도록 노력할 의무는 있으나 설사 문제가 해결되지 않는다고 해도 외국수출업체를 대신해서 국내업체에게 손해를 보상해줄 책임은 없다.

국내업체에서는 이런 상황에 대비하기 위해서 문제가 발생하면 해당 외국수출업체의 국내에이전트가 모든 책임을 진다는 내용의 각서를 요구하기도 한다. 이런 각서를 제출하면 법적인 책임으로부터 자유로울 수 없으므로 신중하게 대처해야 한다.

## 2. 거래당사자 간의 의견이 첨예하게 대립할 때의 대처방안

무역에이전트로서 일할 때 가장 곤혹스런 경우가 거래당사자 간의 의견차이가 커서 합의를 도출하기가 힘든 경우다. 오더 협상과정에서 가격을 비롯한 계약조건에 대한 의견차이가 커서 오더가 깨질 수도 있고 계약 후 오더가 진행되는 과정에서 문제가 발생했을 때 당사자 간의 의견 차이가 커서 원만한 해결이 이루어지지 못하는 경우도 있다.

이런 경우 에이전트는 거래의 당사자가 아니기 때문에 주도적으로 해결책을 내놓기가 힘들지만 거래당사자를 움직여서 원만한 합의가 이루어지도록 돕는 조력자로서의 역할에 충실할 필요가 있다.

그러기 위해서는 거래당사자 양쪽 모두에게 자기 편에서 일하고 있다는 인상을 심어주는 것이 바람직하다. 의견 차이가 큰 문제를 해결하려면 거래당사자끼리 조금씩 양보해서 합의점을 찾아야 하는데 자신에게 커미션을 지급하는 측의 입장만 대변하다 보면 거래상대방에게 양보를 이끌어내기가 곤란해진다.

따라서 비록 커미션은 한쪽에서 받더라도 거래상대방을 접촉할 때는 상대방의 입장에서 문제가 해결되도록 노력하고 있다는 인상을 심어주는 것이 필요하다. 거래당사자 간의 문제가 원만하게 해결될 수만 있다면 박쥐 행세를 하는 것도 나쁘지 않다.

## 3. 영원한 에이전트는 없다

에이전트의 운명은 에이전트를 지정한 업체에 달려있다고 해도 과

언이 아니다. 에이전트를 지정한 업체가 잘 나가면 에이전트도 덩달아 잘 나가고 에이전트를 지정한 업체가 잘 안 풀리면 에이전트도 힘들어질 수밖에 없다.

에이전트가 자신의 의지대로 무역거래를 하는 것이 아니라 거래당사자 중 어느 한쪽의 에이전트로서 거래가 잘 이루어질 수 있도록 돕는 역할에 그칠 수밖에 없기 때문에 에이전트가 아무리 노력해도 일이 잘 안 풀릴 수도 있음을 각오해야 한다. 최악의 경우에 에이전트의 노력에도 불구하고 에이전트를 지정한 업체가 사업을 접을 경우 에이전트 계약은 자동적으로 종료될 수밖에 없다.

이보다 더 억울한 경우는 에이전트를 지정한 업체가 너무 잘 나가서 에이전트를 그만두어야 하는 경우다. 에이전트를 지정한 업체의 입장에서 볼 때 일이 너무 잘 풀려서 사업이 예상 외로 좋은 성과를 거두게 되면 에이전트 대신에 자신이 직접 지사나 현지법인을 설립할 수도 있다.

결국 에이전트는 일이 잘 안 풀려도 불안하고 일이 너무 잘 풀려도 불안할 수밖에 없다. 장기적으로 에이전트의 운명이 전적으로 에이전트를 지정하는 업체에 달려있기 때문이다. 따라서 에이전트는 영원할 수 없다는 사실을 인식하고 에이전트계약이 종결되었을 때를 대비해서 사업의 다각화를 꾀하는 것이 바람직하다.

**〈무역에이전트의 업무절차〉**

① 물품공급업체와 수요처 중의 한 곳과 에이전트 계약 → ② 에이전트 계약을 체결한 업체를 위해서 국내외 거래처 개발 → ③ 물품공급업체와 수요처 사이에서 오더가 성사될 수 있도록 협상을 중재 → ④ 제반 계약조건에 합의 후 물품공급업체가 발행한 proforma invoice를 수요처에게 전달 → ⑤ 수요처가 T/T 송금 또는 L/C 개설했는지 여부 확인하여 물품공급업체에게 통지 → ⑥ 선적스케줄 확인해서 수요처에 통지 → ⑦ 물품이 무사히 수요처에 도착하고 대금결제가 완료된 후에 에이전트 계약을 체결한 업체로부터 커미션 수령

**제7장**

# 무역창업을 위한 대화

# 무역창업 희망자와 창업전문가의 허심탄회한 대화록

무역창업을 생각 중인 A씨는 고민이 많다. 잘못 발을 디뎠다가 헤어 나올 수 없는 구렁텅이에 빠지는 것은 아닌가 하는 불안감을 떨쳐버릴 수 없다. 다행히 지인의 소개로 무역창업의 전문가라는 B씨를 만나 그동안 가지고 있던 고민을 풀어보기로 했다.

**A** 시간을 내주셔서 감사합니다.

**B** 이미 창업을 하셨나요?

**A** 아닙니다. 아직도 고민 중입니다.

**B** 무엇이 제일 걱정되나요?

**A** 실패할까봐요. 주변에 창업했다가 잘못된 경우를 많이 봤거든요.

**B** 어떤 업종이든지 창업해서 성공할 확률보다는 실패할 확률이 큰 것은 사실입니다.

**A** 무역은 어떻습니까?

**B** 정확한 통계는 없지만 무역창업의 경우에도 성공할 확률보다는 실패할 확률이 훨씬 더 높다고 볼 수 있습니다.

**A** 왜죠?

**B** 우선 무역창업으로 성공하려면 아이템과 거래처를 잡아야 하는데 이게 생각처럼 쉽지 않습니다. 이 세상에 아이템과 거래처는 널려 있지만 경쟁력이 있는 아이템과 거래처라면 이미 다른 업체에서 선점하고 있을 가능성이 높기 때문입니다.

**A** 그럼 후발주자로서 무역창업에 성공하려면 어떻게 해야 하나요?

**B** 다른 업체가 선점하고 있는 아이템이나 거래처를 빼앗거나, 아니면 새로 개발되는 아이템이나 거래처와 관계를 맺어야지요.

**A** 둘 다 쉽지 않겠네요.

**B** 그렇습니다. 무역창업에서 가장 힘든 것이 바로 아이템이나 거래처를 개발하는 데 많은 시간이 걸린다는 겁니다. 아무리 오랜 시간을 노력해도 끝내 아이템이나 거래처를 잡지 못하고 끝나는 경우도 많고요.

**A** 미래가 불확실하네요.

**B** 그렇습니다. 따라서 불확실한 미래를 감내할 각오가 되어 있지 않거나 당장 생계를 꾸려 나가기가 힘든 경우라면 무역창업을 재고하는 것이 좋습니다.

**A** 무역창업으로 안정적인 소득이 발생하기까지는 얼마나 걸리나요?

**B** 그건 단정적으로 말씀드리기 곤란합니다. 개인 차이도 크고, 분명

한 것은 아무런 연고도 없이 시작해서 첫 수입을 올리기까지 생각보다 많은 시간이 걸린다는 겁니다.

**A** 왜죠?

**B** 앞서 말씀드린 대로 아이템이나 거래처를 개발하는 데도 많은 시간이 걸리지만 무역거래의 특성상 오더가 마무리되어서 실제로 수입이 발생할 때까지 상당한 시간이 걸릴 수밖에 없습니다. 오더가 진행되는 과정에서 예기치 못한 상황이 발생하여 지연될 수도 있고요.

**A** 그밖에 무역창업의 문제점은 없나요?

**B** 외국과의 거래이다 보니 무역사기에 노출될 위험도 있고 문제가 발생했을 때 해결하기가 쉽지 않다는 것이 문제점이라고 할 수 있지요.

**A** 그럼 무역창업의 좋은 점은 뭔가요?

**B** 일단 창업하기가 쉽다는 겁니다. 별다른 규제도 없고, 제조나 유통을 겸하지 않고 순수하게 무역만 할 경우 큰 자본이 필요하지도 않지요. 뿐만 아니라 일이 잘 안됐을 때 폐업하는 것도 쉽고요. 무역이라는 것이 국내외 거래처 말고는 특별하게 정리할 것이 없으니까 맘만 먹으면 언제라도 폐업을 할 수 있지요.

**A** 그밖에 좋은 점은 없나요?

**B** 전 세계시장을 상대로 하니까 국내시장만을 상대할 때보다 기회가 많다는 거지요. 국내거래처럼 인맥이나 혈연, 지연에 얽매일 필요도 없고요.

**A** 전 세계 시장을 상대로 하니까 그만큼 경쟁이 심한 것 아닌가요?

**B** 맞는 말씀입니다. 세계시장에서 성공하려면 국내시장만을 상대할 때와는 비교도 할 수 없을 정도로 심한 경쟁을 뚫고 살아남아야 합니다. 하지만 경쟁력을 갖춘다면 국내시장만을 대상으로 할 때보다 비교할 수 없을 정도로 큰 오더를 성사시킬 수 있다는 것이 무역의 매력이기도 하지요.

**A** 무역으로 돈을 벌려면 어떻게 해야 하나요?

**B** 무역으로 돈을 벌기 위해서는 자신이 직접 수출을 하거나 수입을 할 수도 있고, 국내외 수출입업체의 에이전트로 일하고 커미션을 받을 수도 있으며, 다른 업체의 무역업무를 대행해 주고 대행수수료를 받을 수도 있습니다.

**A** 각각의 장단점은 무엇입니까?

**B** 자신이 직접 수출입거래를 하면 상대적으로 높은 마진을 챙길 수 있지만 자금부담이 크고 리스크를 부담해야 합니다. 반대로 무역 에이전트의 경우에는 자금부담도 작고 리스크로부터도 자유롭지만 상대적으로 낮은 수입을 감수해야 합니다. 따라서 자신의 자금 상황이나 리스크부담 능력을 감안하여 업종을 선택하는 것이 바람직합니다.

**A** 무역 일을 하려면 무역실무지식은 어느 정도 있어야 하나요?

**B** 많이 알수록 좋지만 책에 나오는 모든 무역실무지식을 완벽하게 이해해야지만 무역 일을 할 수 있는 건 아닙니다. 무역 일을 하는 사람 중에는 무역의 '무'자도 모르고 시작한 사람도 많이 있습니다.

**A** 그럼 무역실무를 전혀 공부할 필요가 없다는 말씀인가요?

**B** 그런 뜻은 아닙니다. 무역 일을 하려면 기본적인 무역용어나 절차는 알아야지요. 앞서 무역의 '무'자도 모르고 시작했다고 한 것은 회사원의 경우를 얘기한 겁니다. 회사원이야 무역에 대해서 전혀 모르고 시작하더라도 선배들에게 배워가면서 일할 수 있지만 창업자의 경우라면 기본적인 무역실무지식이 없이는 일을 시작하기가 곤란합니다.

**A** 기본적인 무역실무는 어떻게 배우나요?

**B** 사실 일반적인 무역거래에서 사용하는 기본적인 무역용어나 절차는 그다지 복잡하거나 어렵지 않습니다. 무역업무의 중요한 부분을 차지하는 운송, 보험, 통관 등의 업무는 각각 포워더, 보험회사, 관세사에서 대신 일을 처리해주니까 구체적인 내용을 몰라도 되고요. 따라서 가급적 얇고 실무위주로 쓰인 책을 가지고 공부하는 것이 바람직합니다.

**A** 추천해 주실만한 책은?

**B** 《인코텀즈 2020 무역왕 김창호》라는 책을 읽어보시기 바랍니다. 대화체로 쉽게 쓰여 있어서 무역초보자들이 무역실무의 전반적인 내용을 쉽게 이해하는 데 도움이 될 것입니다.

**A** 무역을 하려면 외국어 실력도 있어야 하겠지요?

**B** 물론 무역을 하려면 기본적인 외국어 실력은 있어야지요. 하지만 외국어를 완벽하게 구사해야만 무역 일을 할 수 있는 건 아닙니다. 우리가 국내에서 물건을 사고팔 때 고차원적인 대화를 나누지 않

는 것처럼 무역 일을 할 때도 수준 높은 외국어를 구사할 필요는 없습니다. 중요한 건 해외거래처와 의사소통이 이루어질 정도의 외국어 실력이 없으면 무역 일을 하기가 곤란하다는 겁니다.

**A** 외국어를 공부하기 위한 팁을 주신다면?

**B** 영어를 우선적으로 공부하시고 회화보다 작문실력을 기르는 데 주력하시기 바랍니다.

**A** 중국어 같은 제2외국어도 중요하지 않나요?

**B** 제2외국어를 하면 좋지만 못해도 크게 문제될 것은 없습니다. 어차피 무역 일은 상대국이 어디냐에 상관없이 대부분 영어로 진행되기 때문입니다. 서류도 영어로 작성하고. 다만 제2외국어를 할 줄 알면 해당 국가의 거래처 인사와 개인적인 친분을 쌓는 데는 도움이 될 수 있습니다.

**A** 회화보다 작문실력을 기르는 데 주력해야 하는 이유는 뭔가요?

**B** 대부분의 무역 상담이 이메일을 통해서 이루어지기 때문입니다.

**A** 영문이메일을 잘 쓰기 위한 요령이 있나요?

**B** 상대방에게 의사를 정확하고 신속하게 전달할 수 있도록 가급적 짧고 쉽게 써야 합니다.

**A** 아이템은 어떻게 개발하나요?

**B** 아이템을 선택하는 기준은 각자의 상황이나 무역 중에서도 어떤 업종을 선택할 것이냐에 따라서 달라질 수 있습니다. 가장 좋은 것은 자신에게 조금이라도 연고가 있는 아이템을 선택하는 것이지만 그런 아이템이 없다면 처음부터 어느 한 가지 아이템에 집중하기

보다는 다양한 아이템을 동시에 취급하면서 시장성이 있는 아이템을 찾는 것이 바람직합니다.

**A** 처음부터 한 가지 아이템에 집중하는 것이 좋지 않나요?

**B** 문제는 그렇게 집중했던 아이템을 가지고 자리를 잡지 못하는 경우가 많다는 겁니다. 실제로 무역 일을 해보면 처음에 시장성이 있어 보이는 아이템이 별 볼일 없는 경우도 많고 반대로 처음에 별로 기대를 걸지 않았던 아이템이 대박으로 연결되는 경우도 많습니다.

**A** 그렇다고 해도 경쟁이 심한 무역현장에서 자리를 잡으려면 처음부터 한 가지 아이템을 전문적으로 취급하는 것이 나을 것 같은데요.

**B** 제조업이나 유통업이라면 전문적으로 한 가지 아이템에 집중하는 것이 낫겠지요. 하지만 무역의 경우에는 자신이 직접 물건을 만들거나 유통시키는 것이 아니라 단순히 해외거래처와의 무역거래에만 관여하기 때문에 아이템에 대한 전문적인 지식이 없어도 가능합니다. 물론 무역거래를 하기 위해서도 아이템에 대한 기본적인 상품지식은 있어야 하지만 그런 것들은 한 가지 아이템에 집중하지 않더라도 금방 습득할 수 있습니다. 따라서 제조나 유통을 겸하지 않고 순수한 무역 일만 하는 경우라면 다양한 아이템을 동시에 취급하는 것이 크게 문제될 것이 없습니다.

**A** 해외거래처는 어떻게 개발하나요?

**B** 해외거래처는 알리바바(www.alibaba.com)와 같은 인터넷무역거래알선사이트나 콤파스(www.kompass.com)와 같은 무역디렉토리, 무역전시회 등을 통해서 개발할 수 있습니다. 문제는 해외거래처 중에

서 경쟁력이 있는 업체를 만나기가 쉽지 않다는 겁니다.

**A** 경쟁력이 있는 해외거래처를 개발하려면 어떻게 해야 하나요?

**B** 경쟁력이 있는 업체라면 이미 고정거래처를 확보하고 있을 가능성이 높습니다. 고정거래처가 있는 해외업체와 관계를 맺기 위해서는 오랜 기간 공을 들여야 하고 운도 따라야 합니다.

**A** 어떤 운을 말씀하시는 건가요?

**B** 예를 들어 해외업체에서 고정거래처와 문제가 발생했을 때나 고정거래처와의 독점계약이 끝날 즈음에 접촉을 하게 되면 좀 더 쉽게 관계를 맺을 수 있을 겁니다.

**A** 그런 기회를 잡기가 쉽지 않을 것 같은데요.

**B** 그렇기 때문에 해외거래처를 개발할 때는 소수의 업체에 집중할 것이 아니라 가급적 다수의 업체를 접촉해서 기회를 노려야 합니다.

**A** 아무리 노력하고 기다려도 고정거래처가 있는 해외거래처와 관계를 맺을 수 없을 때 어떻게 하나요?

**B** 그럴 경우를 대비해서 시장에서 조금 덜 알려졌거나 새로 시작하는 해외업체 중에서 경쟁력이 있는 업체를 개발하는 노력도 게을리 하지 말아야 합니다.

**A** 그런 업체들을 어떻게 찾나요?

**B** 특별한 루트가 있는 건 아닙니다. 앞서 말씀드린 대로 인터넷이나 디렉토리, 전시회 등을 활용해서 지속적으로 찾아보는 수밖에 없습니다.

**A** 해외업체를 처음에 접촉할 때는 어떻게 합니까?

B 처음 접촉할 때는 우선 상대방을 알게 된 경위를 밝히고, 간단하게 자기소개를 한 다음 거래관계를 맺고 싶다는 뜻을 밝히는 정도만 하면 됩니다. 좀 더 구체적인 내용은 상대방이 호의적인 반응을 보인 후에 거론하는 것이 좋습니다. 거래 제안을 받고 호의적인 반응을 보이는 경우보다는 아무런 답변이 없거나 이미 거래처가 있다는 식의 답변을 받을 확률이 훨씬 더 높습니다. 그런 업체들을 상대로 처음부터 장황한 설명을 늘어놓아 보았자 좋은 결과를 기대하기는 어렵습니다.

A 좀 더 빨리 경쟁력 있는 업체를 만나려면 어떻게 해야 합니까?

B 실제로 어떤 업체가 경쟁력이 있고, 어떤 업체가 새로운 거래처를 찾고 있는지를 확인하기가 쉽지 않기 때문에 창업 초기에는 가급적 많은 업체를 접촉하는 것이 바람직합니다.

A 해외업체가 호의적인 반응을 보이면 계약을 체결하기 위해서 구체적으로 무엇을 협의해야 합니까?

B 제일 중요한 것이 가격과 결제조건입니다. 가격을 정할 때는 인코텀즈에서 규정한 11가지 조건 중에서 어떤 조건으로 거래할지를 정하고, 송금방식과 신용장방식 중의 한 가지를 선택해서 결제조건으로 정하면 됩니다. 이밖에도 물건을 언제 어디서 선적하고 포장을 어떻게 할지 등을 정하면 됩니다.

A 모든 조건에 대한 합의가 이루어진 다음에는 무얼 합니까?

B 합의된 내용을 proforma invoice라는 서식에 명시해서 바이어에게 보내주면 됩니다. 그럼 바이어가 합의한 결제방식에 따라 수출대

금을 송금하거나 거래은행을 통해서 신용장을 개설해 달라고 요청하게 됩니다.

**A** 수출대금이 송금되거나 신용장이 개설된 다음에 수출자는 무얼 하나요?

**B** 계약된 물건을 선적하고 commercial invoice, packing list, bill of lading과 같은 선적서류를 준비해서 직접 또는 은행을 통해서 바이어에게 보내주면 됩니다.

**A** 수출자의 입장에서 수입자가 제때 대금을 지급하지 않거나 수입자의 입장에서 수출자가 계약을 제대로 이행하지 않으면 어떻게 합니까?

**B** 무역거래에서는 문제가 발생한 다음에 해결하는 데는 현실적으로 어려움이 많습니다. 따라서 거래 초기에는 가급적 신용장방식으로 거래를 하는 것이 바람직하며 처음부터 거액의 거래를 하는 것보다는 상대방의 신용을 확인해 가면서 점차적으로 거래규모를 늘려나가는 것이 좋습니다. 또한 수출자의 경우라면 수출보험에 가입함으로써 수출대금이 결제되지 않았을 때 한국보험공사로부터 손해를 보상받을 수 있으며, 수입자의 경우에는 SGS와 같은 검사업체에 선적 전 검사(inspection)를 맡김으로써 수출자가 의도적으로 계약과 다른 물건을 싣는 것을 예방할 수 있습니다.

**A** 환율변동에 따르는 위험은 어떻게 관리하나요?

**B** 수출자의 경우라면 환변동보험에 가입함으로써 해결할 수 있으나 수입자의 경우라면 특별한 경우를 제외하고는 보험으로 해결하기

가 곤란합니다. 따라서 환율변동이 심한 경우에는 사전에 외환을 확보해 두거나 선물환거래방식을 활용함으로써 환율변동의 위험으로부터벗어날 수 있습니다.

**A** 무역업을 창업하려면 자금이 얼마나 필요합니까?

**B** 어떤 업종을 할 것인지, 결제방식이 무엇인지에 따라서 달라집니다. 먼저 수출의 경우를 살펴보면 사전송금방식으로 수출한다면 초기자금이 없어도 사업을 시작할 수 있지만 사후송금방식으로 물건을 수출하려면 물건을 구입할 자금이 있어야 합니다.

**A** 신용장방식으로 수출할 때는 어떻습니까?

**B** 바이어로부터 신용장을 받아서 국내공급업자에게 내국신용장을 발행하는 방식으로 거래를 하면 자기 자본이 없어도 수출을 할 수 있으나 그렇게 하기 위해서는 사전에 거래은행과 외환거래약정을 맺고 담보 등을 제공해야 합니다.

**A** 수입의 경우는 어떻습니까?

**B** 해외공급자가 외상으로 물건을 공급해주는 경우를 제외하고는 물건을 수입하기 위한 자금이 있어야 합니다. 또한 자신이 직접 물건을 파는 경우라면 재고부담에 따르는 자금도 있어야 합니다.

**A** 무역에이전트는 어떻습니까?

**B** 무역에이전트는 자신이 직접 수출입거래를 하는 것이 아니기 때문에 사무실 유지비용 외에는 특별한 자금이 필요하지 않습니다. 만약 혼자 집에서 일한다고 하면 별다른 유지비용이 없이도 무역에이전트로 일할 수 있습니다.

**A** 집에서 일하는 것이 가능합니까?

**B** 집안 환경에 따라 다르겠지만 집에서 일하는 것이 크게 문제될 것은 없습니다. 특히 국내외거래처와의 연락업무가 주를 이루는 무역에이전트의 경우에는 집에서 일하는 것이 전혀 문제될 것이 없습니다.

**A** 자신이 직접 수출입거래를 하는 경우에는 아무래도 사무실이 별도로 있어야 하지 않나요? 수입의 경우라면 물건을 보관해둘 창고도 있어야 하고.

**B** 물론 사무실이 있으면 좋지만 집에서 수출입거래를 하는 것도 불가능하지 않습니다. 물건을 보관해둘 별도의 공간이 필요한 경우라면 유료창고를 이용하면 되고요. 어차피 무역업무의 대부분이 서류상으로 이루어지기 때문에 국내고객을 상대로 직접 물건을 팔아야 하는 경우가 아니라면 집에서 일하는 것이 크게 문제가 될 것은 없습니다.

**A** 그래도 집에서 일한다고 하면 대외적으로 신뢰도 면에서 문제가 되진 않을까요?

**B** 그런 문제는 생길 수 있습니다. 특히 처음에 국내거래처를 개발하는 단계에서 집주소를 사무실 주소로 사용하게 되면 아무래도 대외적인 이미지가 약화될 수 있음을 감수해야 합니다. 따라서 가급적 사업초기에는 별도의 사무실에서 일하다가 국내거래처가 어느 정도 확보된 다음에 집으로 사무실을 옮기는 것도 고려해볼 만 합니다.

**A** 처음부터 사무실을 구하기가 부담스러운 경우에는 어떻게 합니까?

B 공동사무실이나 비상주오피스 등을 이용해보시기 바랍니다.

A 무역업을 창업하려면 어떤 절차를 거쳐야 합니까?

B 무역관련 업종은 모두 자유화되어서 사업자등록만 하면 누구나 무역 일을 할 수 있습니다. 다만 품목이나 상대국에 따라서는 수출입거래가 제한될 수 있으므로 무역협회 웹사이트에서 제공하는 품목별 수출입요령을 통해서 제한사항이 있는지를 확인하고 시작하시기 바랍니다.

A 사업자등록은 어떻게 하나요?

B 사업장을 관할하는 세무서에 가서 신청서를 작성해서 제출하면 됩니다.

A 사업자등록증 상의 업태와 종목은 어떻게 기재하나요?

B 자신이 직접 수출입거래를 할 경우라면 업태는 도매, 종목은 무역업 또는 수출업이라고 기재하고 무역에이전트의 경우에는 업태는 서비스, 종목은 오퍼상 또는 수출주선이라고 기재하면 됩니다.

A 여러 가지 종목을 동시에 기재할 수도 있나요?

B 가능합니다. 앞으로 사업을 확장할 경우를 대비해서 처음부터 업태는 도매, 서비스 종목은 무역, 오퍼상 등으로 기재하는 것도 가능합니다.

A 사업장 주소를 집 주소로 해도 됩니까?

B 가능합니다. 간혹 세무서에서 사무실 주소란에 집 주소를 기재하는 것을 지적하는 경우도 있으나 무역관련 업종은 집에서도 일할 수 있다는 것을 설명하고 집 주소로 사업자등록증을 발급받을 수

있습니다.

**A** 사업자를 법인이나 개인 중 어느 것으로 하는 것이 유리합니까?

**B** 매출이나 이익규모에 따라서 달라질 수 있는데 일반적으로 처음에 개인사업자로 시작했다가 매출이 늘어나면 법인사업자로 전환합니다.

**A** 세금은 얼마를 내야 합니까?

**B** 일단 사업자가 내야 하는 세금으로는 부가가치세와 종합소득세(또는 법인세)가 있습니다. 부가세는 분기 또는 반기별로 부가세 신고를 하고 매출액의 10%를 부가세를 납부한 후 매입할 때 지급한 부가세와 상계하여 매출보다 매입이 큰 경우에는 부가세 차액을 환급받게 됩니다. 종합소득세 또는 법인세는 1년에 한 번 전년도 수입에서 비용을 제한 금액을 기준으로 세율을 곱해서 계산한 금액을 세금으로 납부하는 것입니다.

**A** 세금을 계산하는 공식이 있습니까? 예를 들어 무역으로 100원을 벌었을 때 몇 원을 세금으로 내야 한다든지 하는?

**B** 세금을 계산하는 방법은 대단히 복잡합니다. 업종에 따라서 다르고, 회계장부를 기장한 경우와 기장하지 않은 경우도 다르며, 법인이냐 개인사업자이냐에 따라서도 다르고, 소득구간에 따라서 적용되는 세율도 다릅니다. 따라서 정확한 세금의 규모에 대해서는 각자의 경우에 따라서 별도로 확인해 보아야 합니다. 분명한 것은 세금이라는 것이 원래 비용보다 수입이 많을 때만 내는 것이고 비용보다 수입이 많더라도 각종 공제제도에 따라서 감면되는 금액이

많아서 사업이 본 궤도에 오르기 전까지는 세금 걱정은 크게 하지 않아도 됩니다. 다만 세금납부 여부와 상관없이 정해진 시기에 세무신고를 해야 한다는 것은 잊지 마시기 바랍니다.

**A** 무역에이전트로 일할 경우 커미션은 얼마 정도를 받게 됩니까?

**B** 커미션 요율은 정해진 원칙이 없지만 통상 오더 금액의 3~5% 정도를 받게 됩니다.

**A** 커미션을 수출자와 수입자 양쪽에서 다 받을 수 있습니까?

**B** 그럴 수도 있지만 가급적 커미션은 수출자와 수입자 중에서 한쪽에서만 받는 것이 바람직합니다. 무역에이전트란 수출자와 수입자 중 어느 한쪽의 에이전트로서 일하는 것이 일반적이기 때문에 자신이 에이전트로 일하는 수출자 또는 수입자로부터만 커미션을 받아야만 해당 업체의 이익을 위해서 일할 수 있기 때문입니다.

**A** 독점권은 어떻게 확보하나요?

**B** 에이전트로 일하기 위해서는 독점권을 확보하는 것이 중요합니다. 다만 아직 영업성과가 확인되지 않은 상태에서 독점권을 주는 것을 꺼려하는 경우에는 독점권을 고집하지 말고 일단 오더를 성사시키고 나서 독점권을 요청하는 것이 바람직합니다.

**A** 독점권이 없는 상태에서 오더를 추진하다가 다른 업체에 빼앗기는 경우는 없습니까?

**B** 그런 일이 발생할 수도 있지만 대부분의 업체에서는 비록 독점권을 부여하지 않았다고 해도 일단 오더협상을 시작한 에이전트에게 우선권을 주기 때문에 크게 걱정하지 않아도 됩니다. 그래도 걱정

이 된다면 현재 추진 중인 오더를 상대방에게 상세히 설명하고 해당 오더에 한해서라도 독점권을 달라고 요청해 보시기 바랍니다.

**A** 아무런 경험이나 연고도 없이 무역을 시작해서 안정적인 수입을 올리기까지는 얼마의 시간이 필요한가요?

**B** 무역을 시작해서 언제 첫 소득이 발생하고 안정적인 소득이 생길 때까지 얼마의 시간이 필요한지에 대해서는 단정적으로 말씀드리기가 곤란합니다. 분명한 것은 무역은 다른 업종에 비해서 안정적인 소득이 발생하기까지 많은 시간이 소요된다는 것입니다. 아무리 노력을 해도 끝내 별다른 소득을 올리지 못하고 끝나는 경우도 많고요. 한 마디로 미래가 불확실하다고 할 수 있습니다.

**A** 그럼에도 불구하고 많은 사람들이 무역창업에 도전하는 이유가 뭡니까?

**B** 앞서도 말씀드린 대로 무역의 여러 가지 매력 때문이지요. 시작할 때 큰 자본이 필요하지 않고 인맥이나 혈연, 지연에 얽매이지 않고 세계를 무대로 큰 꿈을 꿀 수 있는 기회를 잡을 수 있다는 등. 문제는 아무런 경험이나 연고도 없이 무역창업을 해서 성공할 확률이 높지 않다는 것입니다.

**A** 비결은 없나요?

**B** 특별한 비결은 없습니다. 최선을 다한 다음 운이 따라주기를 바라는 수밖에.

**A** 너무 막연하네요.

**B** 어쩔 수가 없습니다. 무역이라는 것이 워낙 변수가 많기 때문에 자

신의 의지나 노력과 상관없이 잘 안 풀릴 수도 있다는 것을 감안해서 창업계획을 수립해야 합니다.

**A** 최선의 노력을 다했는데도 자리를 잡는 데 실패하면 어떻게 합니까?

**B** 스스로 판단해서 사업을 계속할 것인지 그만 둘 것인지를 결정해야 합니다. 앞서도 말씀드렸듯이 무역의 경우 폐업에 따르는 손해가 크지 않기 때문에 일단 시작했다가 아니다 싶을 때 그만 두어도 크게 문제될 것이 없습니다.

**A** 저는 아직 무역에 대해서도 잘 모르고 아이템이나 거래처도 정해진 것이 없습니다. 해외에 특별한 연고도 없고요. 영어는 아주 잘하지는 못해도 외국인과 기본적인 의사소통을 할 정도는 되고요. 무역창업을 할까? 말까요?

**B** 그 질문에 답하기 전에 한 가지 묻겠습니다. 왜 창업을 하려고 합니까?

**A** 제가 원하는 회사에 취업이 힘들기도 하거니와 제 주변에서 회사에 다니는 사람들이 힘들어하는 모습을 보거나 아직 한창 일할 수 있는 나이에 회사에서 쫓겨난 조기은퇴자들의 모습을 보면서 회사생활에 회의감이 들어서요.

**B** 그러니까 회사 다니는 것보다는 독립적으로 일하는 것이 나을 것 같다는 생각에서 창업을 하려고 하는 건가요?

**A** 말하자면 그렇습니다.

**B** '미생'이라는 드라마에 이런 대사가 나오지요. 회사가 전쟁터면 사회는 지옥이라고. 막연히 회사에 다니는 것보다는 낫겠지 하는 생

각으로 창업을 했다가 지옥을 맛보게 될 수도 있다는 뜻입니다.

**A** 그럼 중소기업에라도 들어가서 일하는 것이 무작정 창업을 하는 것보다 나을까요? 그냥 평생 아무런 꿈도 없이 단지 월급을 받기 위해 하루하루를 보내야 하는 인생이 너무 답답할 것 같은데요.

**B** 최종 판단은 본인이 해야 합니다. 정답은 없습니다.

A씨는 아직도 궁금한 것이 많았지만 이쯤에서 상담을 끝내기로 했다. 그래도 B씨와 대화를 나누는 중에 많은 의문이 해소된 것 같았다. 그동안 막연하게 생각해 왔던 창업에 대해서 좀 더 구체적으로 따져 본 계기가 된 것 같기도 했다. B씨의 말대로 어차피 최종 결정은 A씨가 내려야 했다. A씨는 이제까지 B씨와 나누었던 대화를 다시 한 번 되새겨 보면서 깊은 생각에 빠져 들어갔다. 창업을 할 것인가? 말 것인가?

## | 맺음말 |

원래 이 책의 맺음말은 쓰지 않으려고 했다. 하지만 탈고를 하고 원고를 정리하던 중에 생각이 바뀌었다. 이제 막 사회에 진출하려는 한 청년이 보내 온 메일을 받고나서였다. 내가 먼저 펴낸 책들을 읽고 무작정 무역창업에 도전하기로 마음을 정했는데, 막상 창업을 하려고 하니 먼저 무역창업에 나선 선배들이 겁을 주고 다시 한 번 생각해보라고 하는데 어떻게 했으면 좋겠느냐며 나의 조언을 구하는 내용이었다.

비슷한 내용의 상담에 응한 경험이 많은 나는 미리 준비해 놓은 천편일률적인 답변을 늘어놓았다. 무역이라는 것이 누구나 쉽게 시작할 수 있지만 자리를 잡기까지는 엄청난 노력과 시간이 필요하다. 아무리 노력을 해도 끝내 자리를 잡지 못하고 중도에 포기하는 경우가 많으니 다시 한 번 심사숙고해 보기 바란다. 그래도 꼭 무역이 하고 싶으면 일단 중소기업에라도 취업을 해서 충분한 경험을 쌓은 후에 창업여부를 결정하는 것이 바람직하다. 대충 이런 식의 답변이었다.

내가 이런 식의 답변을 되풀이하게 된 데는 결정적인 계기가 있었다. 십 수 년 전에 펴낸 나의 첫 번째 책《오퍼상이나 해볼까?》를 읽고 잘 다니던 대기업을 그만 두고 창업에 나섰다가 실패한 독자로부터 항의성 메일을 받고나서부터다. 내 책을 읽지 않았으면 창업을 하지 않았을 텐데 내 책을 읽고 무작정 창업에 나섰다가 돌이킬 수 없을 정도로 인생이 망가졌다는 내용이었다.

이 메일을 받고 나는 상당한 충격을 받았다. 내 책 때문에 한 사람의 인생이 망가질 수도 있다고 생각하니 여간 마음이 무겁지 않았다. 그 후로 누가 창업을 한다고 하면 무조건 말리고 보는 습관이 몸에 배었다. 창업을 쉽게 생각하지 말라는 요지의 칼럼을 쓰고 개정판을 낼 때마다 오퍼상이나 무역상을 창업에서 성공할 확률이 높지 않다는 사실을 반복해서 강조하였다.

그럼에도 불구하고 창업을 희망하는 사람들의 문의는 끊이질 않았다. 아무리 무역창업의 부정적인 면을 부각시키려고 해도 일단 창업을 결심한 사람들의 마음을 바꾸기는 쉽지 않았다. 그중에는 어쩔 수 없는 상황에 의해서 무역창업 외에는 다른 대안이 없다는 식의 생각에 빠져 있는 사람들도 있었다. 더 이상 창업을 말릴 수만은 없는 상황이었다.

나는 결국 이 책을 쓰기로 했다. 이 책은 무역창업에 관심이 없는 사람들을 부추겨서 무역창업에 나서도록 유도하기 위해서 쓴 책이 아니다. 이 책은 고심 끝에 무역창업을 결심한 사람들에게 무역현장의 생생한 모습을 전달하고 조금이라도 시행착오를 줄이고 좀 더 효과적으로 자리를 잡을 수 있는 길을 제시하기 위해서 쓴 책이다.

물론 이 책에 쓰인 대로 따라한다고 해서 성공한다는 보장은 없다. 그만큼 무역의 세계는 복잡하고 무역으로 성공하기 위해선 본인의 노력뿐만 아니라 운도 따라야 하기 때문이다. 다시 한 번 강조하거니와 아무런 경험이나 연고도 없이 무역업을 창업해서 성공할 확률은 평범한 사람이 연예인이나 운동선수로 성공할 확률만큼이나 희박하다. 그러므로 창업을 결심하기 전에 다시 한 번 심사숙고 할 것을 간곡히 부탁드린다.

심사숙고 끝에 무역창업을 결심한 분들에게는 마음으로부터의 응원을 보낸다. 무역창업으로 성공하는 것이 하늘에 별 따기처럼 힘든 것은 사실이지만 무역창업을 통해서 꿈을 이룬 사람도 분명히 존재한다는 사실을 잊지 마시라.

# 부록

# SALES AGREEMENT

This agreement is made and entered into on the ______ day of _______, 202_ by and between the Buyer ABC Inc., having its office at ____________________ _________________(hereinafter referred to as "Buyer") and the Seller XYZ Corp., having its office at ______________________________________________ (hereinafter referred to as "Seller")

**WITNESSETH**

WHEREAS, the Buyer desires to purchase Products as defined hereinafter (hereinafter called "Products") to sell or distribute them in the Territory as defined hereinafter; and

WHEREAS, the Seller is willing to sell the Products to the Buyer on the terms and conditions set forth below.

NOW, THEREFORE, in consideration of the mutual covenants contained herein, the Parties hereto agree as follows:

**1. DEFINITION**

Whenever the following terms appear in this Agreement, they shall have the respective meaning specified below unless the context otherwise requires:

– "Products" shall mean __________ specified in Appendix A.

– "Territory" shall mean ________________. Without prior written consent of the Seller, theBuyer shall not sell the Products to any other areas than Territory.

## 2. ORDERS

The Buyer shall place order for the Products with the Seller either by email or fax. The Buyer shall clearly and precisely describe the name of the Products, quantity required, specifications, delivery date and shipping instructions, payment method, instructions for packing, invoicing and shipping etc. and other necessary terms for the delivery of the Products.

Within 5(five) working days after receiving order, the Seller shall issue the proforma invoice to confirm the Buyer's order.

The order shall not be binding unless and until they are accepted by the Seller.

## 3. PAYMENT

Payment shall be made by an irrevocable L/C payable at sight. The Buyer shall apply for L/C within one week after receipt of proforma invoice issued by the Seller.

## 4. INSURANCE

In case of CIF or CIP basis, 110% of the invoice amount will be insured unless otherwise agreed.

## 5. PACKING

Packing shall be at the Seller's option. In case special instructions are necessary, the same should be intimated to the Seller in time so as to enable the Seller to comply with it.

## 6. INSPECTION

With respect to the inspection of the Products at the point of delivery, inspection conducted by the Seller before shipment shall be final in all respects such as quantity, quality, etc.

Should the Buyer wishes to have the Products inspected by any specific inspector designated by the Buyer, all additional charges thereby incurred shall be borne by the Buyer.

## 7. DELIVERY AND SHIPMENT

The Seller shall deliver the Products on board the vessel at the port of shipment on scheduled date and the Buyer shall bear all risks of or damages to the Products from the time they have been on board the vessel at the port of shipment.

The date of Bill of Lading shall be accepted as a conclusive date of shipment.

Partial shipment and transshiment shall be permitted unless otherwise agreed between the Parties.

Right after the shipment, the Seller shall notify the following information in writing to the Buyer.

- Vessel Name
- Estimated Time of Departure
- Estimated Time of Arrival

## 8. PATENTS, TRADE MARKS, DESIGNS ETC.

The Seller shall not be responsible for any infringement with regard to patent rights, utility model rights, trademarks, commercial designs or copyrights originated or chosen by the Buyer.

## 9. WARRANTY

The Seller warrants that the Products will be free from defects in material and workmanship for _____(　　) months from the date of shipment.

The extent of the Seller's liability under this warranty shall be limited to the repair or replacement as herein provided of any defective products. Provided, however, this warranty does not extend to any of the said products which have been:

- misused, neglected, or abused
- improperly repaired, altered or modified in any way, or
- used in violation of instructions furnished by the Seller

In no event, the Seller shall be liable to the Buyer for any lost profit or for indirect, incidental or consequential damages for any reason.

**10. CLAIMS**

Any claims from the Buyer much reach the Seller within thirty(30) days after the arrival of the goods at the port of destination. The goods on which the Buyer is lodging a claim must be retained intact for inspection by authorized surveyors and must not be repaired or resold until such inspection had been completed.

**11. FORCE MAJEURE**

Neither party shall be liable for non-performance (either in whole or in part) or delay in performance of the terms and conditions of this Agreement due to war, terror, riot, labor disturbances, epidemics, fire, typhoon, flood, earthquakes or any other cause beyond the control of the Parties hereto. In case of such event, the terms of this agreement relating to time and performance shall be suspended during the continuance of the event.

The affected party shall notify the other party of such event within ______( ) days after the commencement of such event and use its best efforts to avoid or remove such causes.

However, if the performance of this Agreement is suspended for a period of _____ ( ) days, either party may terminate this Agreement by at least ______ ( ) days notice in writing to that effect.

**12. CONFIDENTIALITY**

Any data and/or information related to the Products and/or information regarding technologies, know-how, trade secrets, marketing activities and the like, which are of confidential nature shall be kept strictly confidential.

## 13. NOTICES

Unless otherwise agreed in writing by the Parties, all notices, demands and other communications required or permitted to be given in this Agreement shall be written in English and shall be valid and sufficient if delivered in person or sent by airmail, by e-mail, or by fax, addressed as follows:

Buyer :

Seller :

## 14. WAIVER

The failure of either party to require performance by the other party of any provision of this Agreement shall in no way be construed to be a waver by such party of such provisions nor to affect the validity of this Agreement.

## 15. ASSIGNMENT

The Buyer shall not assign this Agreement to any other person or other party without the Seller's prior written consent. In the event of assignment with the written consent of the Seller, the Buyer shall not be relieved from its obligations under this Agreement and shall be held responsible for its performance.

## 16. SEVERABILITY

If any provision of this Agreement is declared invalid, illegal or unenforceable, then such invalidity, illegality or unenforceability shall not affect the validity of this Agreement, and all other sections shall remain in full force and effect, unless the section(s) which is/are invalid or unenforceable shall substantially affect the rights or obligations granted to or undertaken by either party.

## 17. ENTIRE AGREEMENT

This Agreement constitutes the complete understanding of the Parties, and supercedes any prior negotiations, agreements or commitments relating thereto.

## 18. MODIFICATIONS

No terms and conditions of this Agreement shall be changed, altered or modified unless agreed upon in writing by the Parties hereto.

## 19. ARBITRATION

All disputes, controversies and differences which may arise between the Parties hereto, out of or in relations to or in connection with this Agreement, or the breach thereof, shall be finally settled by Arbitration in Seoul, Korea in accordance with the commercial arbitration rules of the Korean Commercial Arbitration Board and under the laws of Korea. The awards rendered by the arbitration court shall be final and binding upon both parties.

## 20. TRADE TERMS

All trade terms used in this contract shall be interpreted in accordance with the latest

Incoterms of the International Chamber of Commerce.

**21. GOVERNING LAW**

This Agreement shall be governed and construed in accordance with the Vienna Convention(1980) of the United Nations.

IN WITNESS WHEREOF, the parties have caused this Agreement to be executed on the date first written, and each party retains one signed original.

| Buyer ABC Inc. | Seller XYZ Corp. |
| --- | --- |
| ______________________ | ______________________ |
| Name, Title | Name, Title |

# DISTRIBUTORSHIP AGREEMENT

This Distributorship Agreement (this "Agreement") is made and enter into thisday of 20___ by and between __________, a corporation duly organized and existing under the laws ofwith its principal place of business at (주소) , a corporation duly organized and existing under the laws of the Republic of Korea("Korea") with its registered head office at ________, Korea (the "Manufacturer")

**WITNESSETH :**

WHEREAS, the Manufacturer is a company with extensive experience in the manufacture and sale of_____ and other _______ products and is willing to grant to the Distributor the right and license to distribute and sell the products (as hereinafter defined) in the Territory (as hereinafter defined) ; and

WHEREAS, the Distributor is a company engaged in the business of______ and desires to obtain the right and license from the Manufacturer to distribute and sell the products in the Territory.

NOW THEREFORE, in consideration of the mutual promises, obligations and agreements contained herein, the parties hereby agree as follows :

**Article 1. DEFINITIONS**

The terms defined in this Article shall have the meanings ascribed to them herein whenever used in this Agreement :

1. 1 "Effective Date" shall mean the date on which this Agreement has been duly executed by the authorized representatives of the parties, and all required government approvals have been obtained.

1. 2 "Products" shall mean the items which the Distributor is hereby granted the right and license to distribute and sell in the Territory, and as are more particularly described in Appendix A hereto. The products shall also mean any additional items which the parties may from time to time agree in writing to include within the scope of Appendix A ; provided, however, that the Manufacturer may upon sixty(60) days prior written notice to the Distributor delete any item which is then included within the definition of Products, if in the Manufacturer's sole opinion it is expeditions to discontinue the manufacture of such item.

1. 3 "Territory" shall mean ______________________________

**Article 2. APPOINTMENT**

The Manufacturer hereby appoints the Distributor as the (exclusive or non-exclusive) distributor of the products in the Territory during the term of this Agreement, and the Distributor hereby accepts such appointment. The Manufacturer shall not, directly or indirectly, offer or sell the products to any third party in the Territory without prior written approval of the Distributor.

**Article 3. DISTRIBUTOR'S OBLIGATIONS**

3. 1 The Distributor agrees and undertakes to diligently and conscientiously use all reasonable efforts to promote and expand the sale of the products in the Territory, including but not limited to regularly and at its own expense distributing promotional literature, conducting multi media advertising and

carrying out market surveys.

3. 2 A reasonable annual advertising budget and a sufficient number of well trained sales and service representatives shall be maintained by the Distributor for the purpose of Article 3.1 hereof. The amount and number of such respectively, shall be decided upon by the mutual agreement of the parties and shall be subject to review on each anniversary of the Effective Date.

3. 3 The Distributor further agrees and undertakes not to distribute or sell any products or items which in the sole opinion of the Manufacturer might reasonably be expected to directly or indirectly compete with or otherwise hinder the distribution and sale of the products in the Territory.

3. 4 The Distributor shall ensure that the adequate stocks of the products are maintained by it in the Territory so as to be able at all times to meet without delay the reasonably anticipated demand for the Products during the ensuing sixty (60) day period.

3. 5 The Distributor shall take all reasonable steps to ensure that the Products are properly transported, handled and stored so as to prevent any damage thereto.

3. 6 The Distributor shall maintain adequate products liability and other appropriate insurance acceptable to the Manufacturer, to protect itself and the Manufacturer from claims which may arise as a result of damage to the Products while in the possession or control of the Distributor, and the Distributor shall itself indemnify and save the Manufacturer harmless from any claims which may be initiated against the Manufacturer as a result of any such damage to the Products to the extent that such are not covered by the said insurance.

3. 7 The Distributor shall not alter or add to the packing, brand names, trade names, trademarks or other markings affixed by the manufacturer to the

products without the prior written consent of the Manufacturer.

**3. 8** The Distributor shall render all resonable assistance to the Manufacturer to enable the trade names, trademarks, designs, copyrights and/or patents of the Manufacturer, as appropriate, to be duly registered and maintained in accordance with applicable laws and regulations in the Territory. The Distributor shall itself acquire no rights to such intellectual property rights, however, except as are expressly granted to it in writing by the Manufacturer.

**3. 9** The Distributor shall notify the Manufacturer forthwith of all imitations or infringements of the products, trade names, trademarks, designs, copyrights and/or patents of the Manufacturer of which the Distributor becomes aware and shall co-operate with the Manufacturer in the taking of any legal proceedings in relation thereto. The expenses of any such proceedings shall be borne by the Manufacturer, except to the extent or in the event that such arise as a result of a breach by the Distributor of its obligations hereunder, in which case the Distributor shall be liable for all such costs and expenses.

**3. 10** The Distributor undertakes, during the term and after expiration of this Agreement, never to contest the validity of the registration of the trade names, trademarks, designs, copyrights and/or patents of the Manufacturer, or to imitate them. The above commitment is extended to any business in which the Distributor has or acquires a direct or indirect interest or participation.

**3. 11** Every six (6) months during the term hereof the Distributor shall provide the Manufacturer with a written report outlining its sales promotion activities during the preceding six (6) month period and its plans for similar activities during the next six (6) months, together with copies of all advertising materials used or to be used, during the said periods. In addition, the Distributor shall promptly notify the Manufacturer of the names and addresses of all potential new purchasers of the Products as the Distributor becomes aware of them, to enable the Manufacturer to itself also engage in any such promotional activities as it may deem appropriate.

**3. 12** The Distributor shall purchase the equivalent of at least ______ United States dollars(USD) of the Products from the Manufacturer in the first full year of this Agreement, and in each subsequent year during the term hereof, an amount equal to at least _______ percent(     %) of the quantity purchased in the previous year.

**Article 4. MANUFACTURER'S OBLIGATIONS**

**4. 1** The Manufacturer agrees and undertakes to make every reasonable effort to fill the orders of the Distributor with all reasonable dispatch.

**4. 2** The Manufacturer will support the Distributor in its sales and promotional efforts by providing such materials and information as are in its control or possession, and as the Manufacturer believes might reasonably assist the Distributor without adversely affecting the Manufacturer's general interests, on such terms and conditions as the parties shall from time to time agree.

**Article 5. ORDERING PROCEDURE AND SHIPMENT**

**5. 1** Orders for the Products shall be in writing and in such form as the Manufacturer notifies the Distributor, addressed to the Manufacturer as set forth in Article 14 hereof.

**5. 2** Within _____(       ) days of receipt of an order so made, the Manufacturer shall indicate its acceptance, in whole or part, or rejection of such order in writing to the Distributor. The failure of the Manufacturer to indicate its rejection or acceptance within the said _____( ) days of receipt of an order shall be deemed to constitute acceptance.

**5. 3** Accepted orders will be shipped on F.O.B. Korean port or airport at the option of the Distributor on such vessel or other carrier as the Distributor shall itself arrange. Delivery to such vessel or other carrier shall constitute delivery to the Distributor and risk shall pass at that time.

**5. 4** Accepted orders shall be shipped with export packing adequate under normal transport conditions to prevent damage or deterioration.

### Article 6. PRICE AND PAYMENT

**6. 1** The prices to be paid for the products shall be as outlined in Appendix B hereto, calculated on an F.O.B. Korean Port ( ) or airport ( ) basis. The terms, conditions or prices for the products shall be on most favoured terms offered to any other distributor in other countries for the Products.

**6. 2** Payment shall be made in United States dollars by means of a separate confirmed and irrevocable letter of credit for each order. Each such letter of credit shall be in such form and opened by such bank as is accepted in writing by the manufacturer, shall be opened within _____( ) days of the placing of the order to which it relates and shall name as the advising bank such bank and branch as the manufacturer may notify the Distributor from time to time in writing.

**6. 3** If during the terms of this Agreement the Manufacturer's costs of delivering the products to the Distributor, increase by more than ____ percent ( %) due to fluctuations in currency exchange rates, increases in the cost of raw materials, oil or other energy sources, increase in interest rates or other factors beyond the reasonable control of the parties, then the prices paid by the Distributor shall be proportionally increased.

**Article 7. WARRANTY**

7. 1 The Manufacturer specifically and expressly warrants that the products manufactured and sold by the Manufacturer shall be of the highest quality, free from any defects in material or workmanship and comply with description, specifications and specimens of the Products and the laws and regulations of the Territiory for such Products.

7. 2 The aforesaid warranties shall extend for one (1) year from the delivery of the Products by the Distributor to the end user, hereinafter called "Warranty Period". If during the Warranty period, Product fails to meet the warranties as provided for in Article 7. 1 above and the Distributor informs the Manufacturer in writing of details of such failure, the Manufacturer shall at its expense, repair, make good, or replace the defective Product with all possible speed at the places designated by the Distributor. The Manufacturer shall be liable, in addition, for the transportation and customs clearance expenses and for the compensation of all other losses and damages incurred by the Distributor as a result of the aforementioned defects in the Products.

7. 3 Any Product which has been found defective and replaced or repaired shall have the Warranty Period of one (1) year renewed from the date on which replacement or repair is completed.

7. 4 If the Manufacturer does not commence the correction of such defects within thirty (30) days from the date of receipt of notice from the Distributor, or

does not complete the said correction with reasonable diligence and within a reasonable time, the Distributor may, at its option and without prejudice to any right and remedies available time, the Distributor, correct the defects either itself or through others at Manufacturer's risk and expenses. In such event, the Manufacturer shall reimburse all expenses for remedy of such defects and also any and all losses and damages incurred by the Distributor as a result thereof within thirty (30) days from the date of receipt of Distributor's demand.

**7. 5** The amount payable by the Manufacturer to the Distributor under this warranty clause shall be allowed as a credit to the Distributor, provided that the Manufacturer fails in making such payment to the Distributor within the above-mentioned period.

## Article 8. TERM AND TERMINATION

**8. 1** This Agreement shall become effective on the Effective Date and shall extend for an inital term of ( ) years from such date. It shall thereafter be automatically renewed for successive ______( ) year terms unless either party gives the other party notice of its intention not to so renew at least ninety (90) days before the date of expiration of the initial ( ) year term or any successive ( ) year renewal terms, as the case may be.

**8. 2** This Agreement may be terminated forthwith by notice in writing in the following instances ;

(a) By either party, if the performance of this Agreement is prevented or substantially interfered with by an event of force majeure for a period of more than ninety (90) days :

(b) By either party, in the event that any material breach of this Agreement is not cured to the satisfaction of the party within thirty (30) days of written notice thereof to the other party :

(c) By either party, if the other party is dissovled or liquidated, becomes insolvent or bankrupt, or if other events occur which are of similar effect under the laws of the Territory of the damages or to terminate this Agreement for any subsequent or continuing default of such or any other provision

**Article 9. INDEPENDENT CONTRACTORS**

It is agreed and understood that the relationship is that of independent contractors and nothing contained herein shall be construed to place the parties in, nor shall the parties hold themselves out to be in, the relationship of partners, joint venturers, principal and agent or employer and employee. Either party shall have no right to enter into contracts in the name of or on behalf of the other party.

**Article 10. ARBITRATION AND GOVERNING LAW**

**10. 1** All disputes, controversies, claims or difference arising out of, or in relation to this Agreement, or a breach hereof, shall be finally settled by arbitration in Seoul, Korea in accordance with the Commercial Arbitration Rules of the Korean Commercial Arbitraton Board and under the laws of Korea. The award rendered by the arbitrators shall be final and binding on the parties concerned.

**10. 2** The validity, performance, construction, and effect of this Agreement shall be governed by the laws of Korea.

**Article 11. COMMUNICATIONS AND NOTICES**

All notices or other communications called for by this Agreement shall be in writing addressed to the parties at their respective addresses shown below or as otherwise hereafter notified in writing by one party to the other and shall be deemed received, in the case telexes, cables or telefaxes on the day after being sent, and in the case of posted letters or documents, which letters or documents shall be sent by postage prepaid registered air mail, (      ) days after posting :

To : (full name of Distributor)

Address :

Attention :

Telex :

Telefax :

To : (full name of Manufacturer)

Address :

Seoul

Korea

Attention :

Telex :

Telefax :

**Article 12. ENTIRE AGREEMENT**

This Agreement supersedes and replaces any and all prior discussions, negotiation, representations and agreements, written or oral, between the parties. This agreement shall not be modified, nor shall the authorization of any act not in conformity be deemed to amend or supersede this Agreement, in whole or in part, unless such a modification, waiver or authorization is in writing and signed by both parties. This Agreement is made in the English language and is executed in two (2) counterparts, each of which shall have the force and effect of an original.

IN WITNESS WHEREOF, the duly authorized representatives of the parties have executed this Agreement on the day and year first written above :

| | |
|---|---|
| (full name of Distributor) | (full name of Manufacturer) |
| Name : | Name : |
| Title : | Title : |

Date

# AGREEMENT

This agreement is made between ______________________________________ (hereinafter called "Principal") and ________________________________(hereinafter called "Agent") in the Republic of Korea, and both parties hereto agreed as follows :

1. Sales area : "Agent" shall act as a (sole) sales agent for the "Principal" within the geographic area of the Republic of Korea as well as the area mutually agreed upon.

2. Sales products :

3. Agent shall do its best to promote sales of above products.

4. Commission rate will b (      )% of order amount, and such commission shall be paid within (      )days after order amount is paid by customer.

5. This agreement shall be effective for an initial period of (      ) years from the effective date of this agreement and shall be extended automatically for a period of one year unless there is written notice from either party not less then (      ) days prior to expiration date.

6. In the event of the agency contract being terminated by the principal, for any

reason other than willful misconduct on the part of the agent, the agent shall be entitled to an amount to be paid to him by the principal by way of compensation for loss of goodwill suffered by the agent. Such compensation shall be an amount equal to an indemnity for one year calculated from the agent's average annual sum, earned by the agent in respect of commission under the agency during the 5 years immediately preceding the said termination. In the event of the agency having existed for a shorter period than 5 years, the amount of the compensation shall be calculated on the average for the entire period of the agency.

7. All disputes, controversies, or differences which may arise between the parties, out of or in relation to or in connection with this contract, or for the breach thereof, shall be finally settled by arbitration in Seoul, Korea in accordance with the Arbitration Rules of the Korean Commercial Arbitration Board and under the Laws of Korea. The award rendered by the arbitrator(s) shall be final and binding upon both parties concerned.

IN WITNESS WHEREOF, the parties have caused this Agreement to be executed by their duly authorized representatives as of the date first written above :

| | |
|---|---|
| Full Name of Agent | Full Name of Agent |
| ______________________ | ______________________ |
| Name : | Name : |
| Title : | Title : |

# AGREEMENT

This Agreement, made and entered into on (the date of Agreement) by and between (the name of the supplier), a corporation organized and existing under the laws of (the country) (hereinafter referred to as "Company") and (the name of Korea agent firm), having its main office and place of business at (the address of agent) (hereinafter referred to as "Representative").

**Witnesseth :**

WHEREAS, "Company" manufactures and/or sells products and WHEREAS, "Representative" desires to perform certain services on behalf of "Company" with respect to the following products : NOW THEREFORE, in consideration of mutual conditions and obligations hereinafter set forth, the parties hereto have agreed as follows :

**Article 1. PRODUCTS**

"Company" hereby appoints "Representative", and "Representative" hereby accepts appointment as "Company's" independent sales representative to promote and assist in the sales of products as listed below :

**Article 2. TERRITORY**

The sales territory designated hereto is the geographical area of the Republic of

Korea as well as the area mutually agreed upon for which "Representative" shall have sales responsibility and in which "Representative" will exert its best effort for sales of the "Products".

**Article 3. MAJOR RESPONSIBILITIES OF REPRESENTATIVE**

(A) Generate and stimulate interests in the "products" and furnish information to "Company" with regard to market trend and prospective purchasers of the "Products".

(B) Participate in the sales promotion activities to benefit sales of the "Products" and assist and advise "Company" in this regards.

(C) Cooperate with and assist "Company" with the collection of any overdue accounts, after service information, and other matters as requested by the "Company".

(D) Bear and pay all travelling expenses and others incurred by"Representative" in connection with the sake of the "Products", and "Representative" shall not be entitled to any reimbursement in this respect except upon prior approval from "Company".

**Article 4. MAJOR RESPONSIBILITIES OF COMPANY**

(A) Endeavor to maintain the delivery conditions on all orders accepted by "Company".

(B) Provide "Representative", to the full extent, with sales and technical information and assistance regarding the "Products".

(C) All expenses of catalogues, samples, advertisements, exhibitions and seminars made for sales promotion of the products shall be responsible to company.

(D) Company shall observe those regulations described in international agreement provisions as regulated in Korea Antitrust and Fair Trade Acts, against which agents shall not be bound by Company.

**Article 5. COMMISSIONS**

Commission rate will be (          )% of order amount, and such commission shall be paid within (          )days after order amount is paid by customer.

**Article 6. PURCHASE ORDER DELIVERY**

"Representative" is not authorized to accept any purchase orders on behalf of "Company" or to otherwise finalize any sales of such products without Company's consent. "Company" shall ship and deliver "Products" purchased by virtue of purchase orders, which it has accepted and acknowledged, directly to the customers in the "Territory".

**Article 7. RELATIONSHIP OF PARTIES**

(A) "Representative" shall have no authority to act for or on behalf of "Company" without Company's consent to sign or otherwise enter into any kind of contracts, undertaking or agreement, or make any promise, warranty or representation, with respect to the "Products", and "Company" shall not be bound by any acts, obligations, or defaults of "Representative", its employees or agents.

(B) "Company" shall not deal directly with customers in the "Territory" and in case a customer choose to deal directly with "Company", the "Company" shall notify and consult with "Representative". "Company" shall guarantee a fair and prevailing commission to "Representative" in accordance with Article 5 of this agreement.

**Article 8. ASSIGNMENT OF AGREEMENT**

Neither this Agreement nor any rights or obligations hereunder may be assigned by "Representative" without prior written consent of "Company".

**Article 9. DURATION & TERMINATION**

(A) This Agreement shall be effective for an initial period of (        ) years from the effective date of this Agreement, and shall be extended automatically for a period of one year unless there is written notice from either party not less then (        ) days prior to expiration date.

(B) If either party hereto continues in default of any obligation imposed on it herein for more than (        ) days after written notice by the other party has been dispatched requesting the party in default to remedy such default, the other party may terminate by registered mail to the party in default and this Agreement shall terminate on the date of dispatch of such notice.

(C) In the event of bankruptcy, receivership, insolvency or assignment for the benefit of creditors of either party hereto, the other party may terminate this Agreement effective immediately by giving the first party written notice to that effect.

**Article 10. ARBITRATION**

All disputes, controversies, or differences which may arise between the parties, out of or in relation to or in connection with this contract, or for the breach thereof, shall be finally settled by arbitration in Seoul, Korea in accordance with the Arbitration Rules of the Korean Commercial Arbitration Board and under the Laws of Korea. The award rendered by the arbitrator(s) shall be final and binding upon both parties concerned.

**Article 11. EFFECTIVE DATE**

This Agreement shall become effective as of the day and date first written above. If there are special conditions imposed by the government of either party, the date of such government approval shall become the effective date of this Agreement.

**Article 12. APPLICABLE LAW**

The Agreement shall be construed and interpreted in accordance with the laws of the Republic of Korea. Especially, Company shall observe those regulations described in international agreement provisions as regulated in Korea Antitrust and Fair Trade Acts.

**Article 13. FORCE MAJEURE**

Neither party shall be liable to the other party for nonperformance or delay in performance of any of its obligation under this agreement due to causes reasonably beyond its control including fire, flood, strikes, labour troubles or other industrial disturbance, unavoidable accidents, governmental regulations, riots, and insurrection. Upon occurrence of such a force majeure condition the affected party shall immediately notify the other party with as much detail as possible and shall promptly inform the other party of any further developments. Immediately after the cause is removed, the affected party shall perform such obligations with all due speed unless the agreement is previously terminated in accordance with Article 9 hereof.

**Article 14. ENTIRETY**

This agreement constitutes the entire agreement between the parties, all prior representations having been merged herein, and may not be modified except by a writing signed by duly authorized representatives of both parties.

**Article 15. COMPENSATION**

In the event of the agency contract being terminated by the principal, for any reason other than willful misconduct on the part of the agent, the agent shall be entitled to an amount to be paid to him by the principal by way of compensation for loss of good will suffered by the agent. Such compensation shall be an amount, equal to an indemnity for one year calculated from the Agent's average annual sum, earned by the agent in respect of commission under the agency during the 5 years immediately preceding the said termination. In the event of the agency having existed for a shorter period than 5 years, the amount of the compensation shall be calculated on the average for the entire period of the agency.

IN WITNESS WHEREOF, the parties have caused this Agreement to be executed by their duly authorized representatives as of the date first written above :

| Full Name of Company | Full Name of Representative |
|---|---|
| | |
| Name | Name |
| Title | Title |

# 수출대행계약서

[ ] (이하 "수출대행자"라 칭함)와 [ ] (이하 "수출대행의뢰인"이라 칭함)는 "수출대행의뢰인"이 공급하는 제품(이하 "제품"이라 칭함)을 대행 수출함에 있어서 아래와 같은 조건과 방법으로 거래할 것을 합의한다.

**제1조(수출대행)**

① "수출대행자"는 "수출대행의뢰인"의 요구에 따라 아래의 제품을 "수출대행자"의 명의로 대행 수출한다.

| 품명 | 수량 | 단가 | 금액 | 비고 |
|---|---|---|---|---|
| | | | | |

② "수출대행의뢰인"은 "수출대행자"의 수출대행사실을 Buyer에게 통보하여 그 동의를 얻어야 한다.

③ "수출대행자"는 수출대행업무를 처리함에 있어 선량한 관리의무를 다하여야 한다.

**제2조(거래방법)**

① "수출대행의뢰인"은 "수출대행자"의 수출대행을 위하여 "수출대행의뢰인"이 수취한 신용장을 "수출대행자"에게 양도함이 원칙이나, 상호 편의를 위하여 직접 "수출대행자" 앞으로 개설하게 할 수도 있다.

② "수출대행의뢰인"이 "수출대행자"에게 양도한 신용장 또는 "수출대행자"

앞으로 직접 개설된 신용장에 하자가 있을 경우, 그 하자에 대한 보완책임은 "수출대행의뢰인"의 부담으로 한다.

③ "수출대행자"는 "수출대행의뢰인"으로부터 양도받은 신용장 또는 직접 "수출대행자" 앞으로 개설된 신용장을 근거로 하여 "수출대행의뢰인"에게 내국신용장을 개설하며 "수출대행의뢰인"은 "수출대행의뢰인"의 책임과 비용으로 신용장조건에 의한 기한 내에 수출선적을 이행하여야 한다.

④ "수출대행자"는 "수출대행의뢰인"의 편의를 위하여 MASTER L/C 내도 또는 동 신용장은 "수출대행자"에게 양도 전이라도 US$ [ ]의 한도 내에서 "수출대행의뢰인"을 수혜자로 하는 비축 LOCAL L/C를 개설할 수 있다. 다만, 이 경우 "수출대행의뢰인"은 동 비축 LOCAL L/C 취소동의서를 "수출대행자"에게 제공하기로 하며, 동 동의서는 MASTER L/C 내도 또는 동 신용장을 "수출대행자"에게 양도 전에만 행사할 수 있다. LOCAL L/C의 유효기간 이내에 대행 수출을 이행할 수 없을 경우 "수출대행의뢰인"은 "수출대행자"에 대하여 "제품"의 인수 및 대금 지급을 요구할 수 없다.

⑤ 전항의 경우 "제품"이 "수출대행자"를 통하여 전량 대행 수출될 때까지 동 "제품"은 제3자 또는 "수출대행의뢰인"의 명의로 수출될 수 없다.

**제3조(대행수수료)**

① "수출대행의뢰인"은 "수출대행자"에게 수출대행 수수료 1US$ 당 [ ] 원을 MASTER L/C Nego 시 지급한다.

② 전항의 수수료는 수출이 완료된 경우에는 해외 Buyer의 클레임제기 또는 Unpaid에 관계없이 지급하기로 한다.

**제4조(금융지원)**

① "수출대행의뢰인"의 요청이 있는 경우 "수출대행자"는 금 [ ] 원을 한도로 "수출대행의뢰인"에게 자금을 지원할 수 있다.

② 전항의 지원금의 상환일정은 아래와 같다. 상환기간 연장여부에 대하여는 "수출대행자", "수출대행의뢰인" 간 별도 서면합의에 의하도록 한다.

| 상환일 | 상환금액 | 상환장소 | 상환방법 |
|---|---|---|---|
| 년 월 일 | | | |
| 년 월 일 | | | |

③ 지원금에 대한 이자는 년 [ ] %로 하고 연체 시에는 년 [ ] %를 적용한다. 은행의 일반대출금리 변동 시에는 변동폭만큼 가감 조정한다.

④ 전항의 이자는 매월 [ ] 일에 "수출대행자"에게 지급한다.

**제5조(대금지급)**

① "수출대행자"는 "수출대행의뢰인"에게 MASTER L/C에 표시된 "제품"대금을 동 L/C Nego 후 즉시 지급한다.

② "수출대행자"는 제1항의 금액에서 내국신용장 인수증금액 및 "수출대행자"가 대납한 경비, "수출대행자"의 수수료 등을 공제할 수 있고 부족액이 있을 경우 그 차액을 "수출대행의뢰인"으로부터 지급받는다.

**제6조(품질검사)**

"제품"의 품질검사는 "수출대행의뢰인"의 책임으로 한다. 단, "수출대행자"는 "수출대행의뢰인"의 동의를 받아 "수출대행의뢰인"의 "제품" 생산과정을 수시로 검사할 수 있다.

**제7조(수출경비)**

모든 수출경비 [ (은행경비, 검사료, 운송비, 통관료, 하역료, 보험료 등) ] 는 "수출대행의뢰인"의 부담으로 한다.

**제8조(환차손익)**

환율변동 등으로 인한 손익은 "[ 수출대행의뢰인 ]"의 귀속으로 한다.

**제9조(통지의무)**

"수출대행자"가 Buyer 및 기타 제3자로부터 CLAIM 통지 등 본 수출대행업무와 관련된 통지를 받았을 때에는 지체 없이 동 사실을 "수출대행의뢰인"에게 서면 통지하여야 한다.

**제10조(손해배상)**

① "수출대행자"는 단순히 수출을 대행함에 불과하며, "제품"의 품질불량, 수량부족, 포장불량, 품질상이, 선적지연, 선적불이행 등의 사유로 Buyer로부터 제기되는 CLAIM은 "수출대행의뢰인"의 책임으로 하며, 이로 인하여 "수출대행자"에게 발생하는 손해는 "수출대행의뢰인"이 배상하여야 한다. 다만, "수출대행자"의 수출절차 이행지체 등 "수출대행자"의 귀책사유로 인한 "수출대행의뢰인"의 손해는 "수출대행자"가 배상하여야 한다.

② "수출대행의뢰인"은 Buyer 또는 지급(인수)은행이 UNPAID 등 "수출대행자"의 수출대행으로 인하여 "수출대행자"가 입은 손해를 배상하여야 한다.

③ 전 1항, 2항의 손해배상에는 손해발생일로부터 년 [ ] %의 지연이자를 가산한다.

④ "수출대행의뢰인"은 전 1항의 내용을 Buyer에게 통보하여 Buyer로부터 동 사실을 확인받아야 한다.

**제11조(담보제공)**

당사자 일방은 본 계약과 관련하여 부담하는 일체의 채무이행을 보증하기 위하여 다음 각호의 담보를 상대방에게 제공하기로 한다.

| ◎ | 당사자 발행 백지 당좌수표(또는 약속어음) 1매 및 동 보충권 차입증

| ◎ | 당사자가 발행하고 그 대표이사가 개인자격으로 연대보증한 액면금액 금 [          ] 원의 공증약속어음 [          ] 매

| ◎ | 당사자 소유의 부동산( [ 소재지 ] ) 위에 "수출대행자"를 제1순위 근저당권자로 하는 채권 최고금액 금 [          ] 원의 부동산 담보

**제12조(해지)**

① 당사자 일방의 계약불이행, 또는 당사자 일방의 파산신청, 파산, 해산, 폐업, 지급불능, 당좌거래의 정지, 회사정리신청, 회사정리법에 의한 보전신청, 가압류신청, 가압류, 가처분 등 기타 신용을 현저히 상실하였다고 인정될 경우 상대방은 계약해지를 통보함으로써 본 계약을 해지할 수 있다.

② 전항의 계약해지는 기 발생된 권리 및 손해배상의 청구에 영향을 미치지 아니한다.

**제13조(유효기간)**

① 본 계약은 체결일로부터 [년월일] 까지 유효하다. 단, 계약기간 중 발생한 채권, 채무는 기간만료에 영향을 받지 아니한다.

② 유효기간의 연장여부 및 그 내용은 기간만료 시 당사자 간의 합의로써 결정한다.

**제14조(기한이익의 상실)**

당사자 일방에게 제12조 제1항의 사유가 발생할 경우 그 당사자가 상대방에게 부담하는 일체의 채무에 대한 기한의 이익을 상실하며 상대방은 최고 및 이행의 제공 없이 즉시 담보권을 행사할 수 있다.

**제15조(내용변경)**

본 계약의 내용은 당사자 간 서면합의로써 변경할 수 있다.

**제16조(양도금지)**

당사자 일방은 상대방의 사전승인 없이 본 계약의 권리, 의무를 제3자에게 양도, 이전, 담보제공 등의 행위를 할 수 없다.

**제17조(분쟁해결)**

본 계약 및 그 불이행과 관련하여 발생되는 모든 분쟁은 대한민국 서울에서 대한상사중재원의 중재규칙에 따라 중재로 해결한다. 중재인이 내린 판정은 최종적인 것으로 관련 당사자 쌍방을 구속한다.

**제18조(기타)**

본 계약에 규정되지 않은 사항은 당사자 간 합의로써 결정하고, 합의되지 않은 사항은 일반적으로 인정되는 상관례에 의한다.

상기 계약내용을 확인, 증명하기 위하여 본 계약서 2통을 작성하고 "수출대행자", "수출대행의뢰인"이 서명날인한 후 각 1통씩 보관한다.

[ 년 월 일]

| | 수출대행자 | 수출대행의뢰인 |
| --- | --- | --- |
| 당사자명 | | |
| 주 소 | | |
| 대표자명 | | |
| 서 명 | | |

# 수입대행계약서

[ ] (이하 "수입대행자"라 칭함)와 [ ] (이하 "수입대행의뢰인"이라 칭함)는 "수입대행의뢰인"이 필요로 하는 제품(이하 "제품"이라 칭함)을 "수입대행자"가 "수입대행의뢰인"을 위하여 수입함에 있어서 다음과 같은 조건과 방법으로 거래할 것을 합의한다.

**제1조(수입대행)**

"수입대행자"는 "수입대행의뢰인"의 요구에 따라 아래의 제품을 "수입대행자"의 명의로 대행 수입한다.

| 품명 및 규격 | 수량 | 단가 | 금액 | 원산지 | 비고 |
|---|---|---|---|---|---|
| | | | | | |

**제2조(거래방법)**

① "수입대행의뢰인"은 OFFER를 "수입대행자"에게 제공키로 하며, 동 OFFER로 인하여 발생하는 추징관세 등 관세법상의 책임을 비롯한 모든 책임을 "수입대행의뢰인"이 부담한다.

② "수입대행자"는 전항의 OFFER에 의거 신용장을 개설한다.

③ 통관업무는 "수입대행자"의 명의로 "수입대행의뢰인"이 행한다. "수입대행자"는 "수입대행의뢰인"의 요구 시 언제나 그 명의사용을 허용하나,

이로 인하여 “수입대행자”가 손해를 입었을 경우에는 “수입대행의뢰인”이 배상한다.

④ “수입대행자”는 수입대행업무를 처리함에 있어 선량한 관리의무를 다하여야 한다.

**제3조(대행수수료)**

① “수입대행의뢰인”은 “수입대행자”에게 수입대행수수료 1US$ 당 [ ] 원을 수입신용장 개설시 지급한다.

② 전항의 대행수수료는 수입이 완료된 후에는 CLAIM 제기, UNPAID에 관계 없이 지급하기로 한다.

③ “수입대행의뢰인”의 귀책사유로 수입절차가 완료되지 못한 경우에는 “수입대행의뢰인”은 “수입대행자”가 입은 손해를 배상하여야 한다.

**제4조(제품의 인도)**

① “수입대행자”는 수입 · 통관한 제품을 [창고(주소지 등)] 에 입고함으로써 “수입대행의뢰인”에 대한 인도를 완료된 것으로 본다.

② 전항의 인도 시 “수입대행자”는 수입면장 및 수입에 관계된 모든 서류와 증빙을 “수입대행의뢰인”에게 인도한다.

③ “수입대행의뢰인”은 제품의 인수를 거절할 수 없다. “수입대행의뢰인”이 제품인수를 거절할 경우 “수입대행자”는 제품을 임의 처분할 수 있으며, 제품 처분가액이 “수입대행자”에게 지급되어야 할 대행수수료 및 이자와 B/L 대금의 합계액에 미달하여 “수입대행자”에게 손해가 발생할 경우 “수입대행의뢰인”은 동 손해 및 이자(년 [ ] %)를 즉시 배상하여야 한다.

④ “수입대행자”는 제품이 세관에 도착한 즉시 “수입대행의뢰인”에게 제품

도착사실을 통보하여야 한다.

**제5조(제품의 가격)**

① "수입대행의뢰인"이 수입통관된 제품을 인수하는 가격은 수입담보금을 비롯한 아래 사항의 합계로 한다.

| |
|---|
| 신용장 개설 제비용, 해상보험료, 해상운임, B/L대금, 관세, 방위세(통관시에 납부된 부가세는 제외한다), 통관자금, 통관부대비용, 하역비 및 "수입대행자"의 대행수수료 및 기타 본 제품수입에 소요된 비용 |

② "수입대행자"는 "수입대행의뢰인"에게 제품의 인수가격을 증명할 수 있는 서류와 관인 영수증 및 거래명세서 등의 증빙을 제출하기로 한다.

**제6조(제품대금 지급)**

"수입대행의뢰인"은 제5조 제품대금을 "수입대행자"로부터 B/L을 인수하는 시점에서 전액 "수입대행자"에게 지급하여야 한다. 다만, "수입대행자"가 별도 동의하는 경우에는 그에 따른다.

**제7조(품질불량 등)**

① 제품의 품질불량, 수량부족, 품질상이, 선적지연, 선적불이행, 선적서류의 하자 등으로 인한 CLAIM에 대하여 "수입대행자"는 책임을 지지 아니한다.

② "수입대행의뢰인"이 제품 공급자에 대하여 전항의 CLAIM을 제기할 경우 "수입대행자"는 그 해결에 적극 협조(갑의 명의사용, CLAIM 관련 서류작성, 제통신시설이용 및 기타 정보제공 등)하기로 한다. 다만, "수입대행자"가 이로 인하여 손해를 입었을 경우에는 "수입대행의뢰인"이 이

를 배상하여야 한다.

③ "수입대행의뢰인"이 제시한 확정 OFFER로 인하여 발생하는 제반사고, "수입대행의뢰인"을 위하여 "수입대행자"의 명의로 관청이나 기관에 제출한 각종 각서 및 기타 증빙자료에 의하여 발생하는 제반책임은 "수입대행의뢰인"의 부담으로 한다.

**제8조(관세 환급)**

"수입대행의뢰인"이 본 건에 관해 관세 환급을 받을 경우에는 "수입대행자"는 이에 필요한 서류를 "수입대행의뢰인"에게 제공하는 등 최대한 협조한다.

**제9조(환차손익)**

환율변동으로 인하여 발생하는 손익은 "[수입대행의뢰인]"의 귀속으로 한다.

**제10조(통지의무)**

"수입대행자"는 수출자 기타 제3자로부터 이 수입대행업무와 관련된 통지를 받았을 때에는 지체 없이 동 사실을 "수입대행의뢰인"에게 서면통보하여야 한다.

**제11조(담보제공)**

당사자 일방은 상대방에 대하여 본 계약으로 인하여 자신이 부담하는 일체의 채무이행을 보증하기 위하여 다음의 담보를 상대방에게 제공하기로 한다.

◎ 당사자 발행 백지당좌수표(또는 약속어음) 1매 및 동 보충권 행사위임장

◎ 당사자가 발행하고 그 대표이사가 개인자격으로 연대보증한 액면금액 금 [ ] 원의 공증약속어음 [ ] 매

◎ 당사자 소유의 부동산([소재지]) 위에 "수출대행자"를 제1순위 근저당권자로 하는 채권 최고금액 금 [ ] 원의 부동산 담보

**제12조(해지)**

① 당사자 일방의 계약불이행 또는 당사자 일방의 파산신청, 파산, 해산, 폐업, 지급불능, 당좌거래의 정지, 회사정리신청, 회사정리법에 의한 보전 신청, 가압류 신청, 가압류, 가처분 등 기타 신용을 현저히 상실하였다고 인정될 경우 상대방은 계약해지를 통보함으로써 본 계약을 해지할 수 있다.

② 전항의 계약해지는 기 발생된 권리 및 손해배상의 청구에 영향을 미치지 아니한다.

**제13조(유효기간)**

① 본 계약은 체결일로부터 [년월일] 까지 유효하다. 단, 계약기간 중 발생한 채권, 채무는 기간만료에 영향을 받지 아니한다.

② 유효기간의 연장여부 및 그 내용은 기간만료 시 당사자 간의 합의로써 결정한다.

**제14조(기한이익의 상실)**

당사자 일방에게 제12조 제1항의 사유가 발생할 경우 자신이 상대방에게 부담하는 일체의 채무에 대한 기한의 이익을 상실하며 상대방은 최고 및 이행의 제공 없이 즉시 담보권을 행사할 수 있다.

**제15조(내용변경)**

본 계약의 내용은 당사자 간 서면합의로써 변경할 수 있다.

**제16조(양도금지)**

당사자 일방은 상대방의 사전승인 없이 본 계약의 권리, 의무를 제3자에게 양도, 이전, 담보제공 등의 행위를 할 수 없다.

**제17조(분쟁해결)**

본 계약으로 인하여 또는 본 계약과 관련하여 발생하는 모든 분쟁은 대한상사중재원의 중재로써 최종 해결한다.

**제18조(기타)**

본 계약에 규정되지 않은 사항은 당사자 간 합의로써 결정하고, 합의되지 않는 사항은 일반적으로 인정되는 상관례에 의한다.

상기 계약내용을 확인, 증명하기 위하여 본 계약서 2통을 작성하고 "수입대행자", "수입대행의뢰인"이 서명날인한 후 각 1통씩 보관한다.

[ 년 월 일]

| | 수입대행자 | 수입대행의뢰인 |
|---|---|---|
| 당사자명 | | |
| 주 소 | | |
| 대표자명 | | |
| 서 명 | | |

## 무역 관련단체

| 단체명 | 웹사이트 주소 | 전화번호 |
|---|---|---|
| 한국무역협회 | www.kita.net | 1566-0114 |
| 대한무역진흥공사 | www.kotra.or.kr | 1600-7119 |
| 중소기업진흥공단 | www.sbc.or.kr | 050-751-9000 |
| 한국농수산식품유통공사 | www.at.or.kr | 061-931-1114 |
| 서울산업통상진흥원 | www.sba.or.kr | 02-717-1221 |
| 한국수입업협회 | www.koima.or.kr | 02-583-1234 |
| 코엑스 | www.coex.co.kr | 02-6000-0114 |
| 대한상공회의소 | www.korcham.net | 02-6050-3114 |
| 한구무역보험공사 | www.ksure.or.kr | 1588-3884 |
| 대한상사중재원 | www.kcab.or.kr | 02-551-2020 |
| 한국무역정보통신 | www.ktnet.co.kr | 1566-2119 |
| 한국관세사회 | www.kcba.or.kr | 02-547-9714 |
| 한국국제물류주선업협회 | www.kiffa.or.kr | 02-733-8000 |

**품목별 관련단체**

| 단체명 | 웹사이트 주소 | 취급품목 |
|---|---|---|
| 대한가구산업협동조합 | www.kffic.kr | 목재가구 |
| 대한건설기계협회 | www.kcea.or.kr | 건설기계 |
| 대한건축자재협회 | www.kbm.or.kr | 건축자재 |
| 대한도자기타일공업협동조합 | www.koceramics.com | 타일, 생활자기, 노벨티 외 |
| 대한스포츠용구공업협동조합 | www.kospia.or.kr | 스포츠용품 |
| 대한제약협동조합 | www.korpharm.or.kr | 약품 |
| 대한장류협동조합 | www.koreajang.or.kr | 간장 및 장 |
| 대한제과협회 | www.bakery.or.kr | 빵 및 제과류 |
| 대한직물공업협동조합 | www.weaving.or.kr | 면직물 및 모직물 |
| 대한타이어산업협회 | www.kotma.or.kr | 타이어 및 튜브 |
| 대한화장품협회 | www.kcia.or.kr | 화장품 |
| 한국계측기기공업협동조합 | www.kmiic.or.kr | 유량계, 수도미터 |
| 한국계측시스템공업협동조합 | www.kmsic.or.kr | 계량기, 계측기기 |
| 한국골판지포장공업협동조합 | www.kcca.or.kr | 골판지 및 골판지 상자 |
| 한국공구공업협동조합 | www.tool.or.kr | 공구 |
| 한국공작기계공업협회 | www.tool.or.kr | 공작기계 |
| 한국공예협동조합연합회 | www.kohand.or.kr | 나전칠기, 목각공예, 모조장신구 |
| 한국광학공업협동조합 | www.optical.or.kr | 안경, 안경테, 각종 렌즈 |
| 한국기계공업협동조합연합회 | www.komico.or.kr | 공조, 무대기계, 펌프 |
| 한국과학기기공업협동조합 | www.ksiic.or.kr | 기초과학기기 |
| 한국금형공업협동조합 | www.koreamold.com | 금형 |
| 한국기계산업진흥회 | www.koami.or.kr | 기계류 전반 |
| 한국농자재산업협회 | www.kamia.or.kr | 농자재 전반 |

| 단체명 | 웹사이트 주소 | 취급품목 |
|---|---|---|
| 한국다이캐스트공업협동조합 | www.diecasting.or.kr | 다이캐스팅 전반 |
| 한국단조공업협동조합 | www.kforge.or.kr | 각종 단조부품 |
| 한국동공업협회 | www.cu-kcic.or.kr | 구리관련제품 |
| 한국모피제품공업협동조합 | www.kfic.or.kr | 모피의류 |
| 한국목조선축협회 | www.kwca.co.kr | 목조건축제품 |
| 한국문구공업협동조합 | www.ksic.co.kr | 문구류 |
| 한국반도체산업협회 | www.ksia.or.kr | 반도체제조관련장비 |
| 한국밸브공업협동조합 | www.valve.or.kr | 밸브류 및 수도꼭지류 |
| 한국보일러공업협동조합 | www.boilerin.or.kr | 보일러, 버너, 열교환기 |
| 한국비료협회 | www.fert-kfia.or.kr | 화학비료 |
| 한국비철금속협회 | www.nonferrous.or.kr | 비철금속 |
| 한국석유화학협회 | www.kpia.or.kr | 석유화학제품 |
| 한국석재공업협동조합 | www.kostone.or.kr | 석재 |
| 한국섬유기계협회 | www.kotma.org | 섬유관련 기계류 |
| 한국섬유산업연합회 | www.kofoti.or.kr | 섬유관련제품 |
| 한국소방기구공업협동조합 | www.kfeic.or.kr | 소방용기계기구 및 구조구급장비 |
| 한국시멘트협회 | www.cement.or.kr | 시멘트 |
| 한국식품산업협회 | www.kfia.or.kr | 식품 |
| 한국악기공업협회 | www.music-korea.co.kr | 악기 |
| 한국에이치백산업협회 | www.ref.or.kr | 냉난방, 환기, 공조, HVACR |
| 한국엘리베이터협회 | www.kea.or.kr | 엘리베이터 |
| 한국여과기공업협동조합 | www.korfilter.or.kr | 여과기 |
| 한국연마공업협동조합 | www.kaic.or.kr | 연마지석 및 연마지포 |
| 한국염료안료공업협동조합 | www.kdpic.or.kr | 염료, 안료, 중간체 |

| 단체명 | 웹사이트 주소 | 취급품목 |
|---|---|---|
| 한국용접공업협동조합 | www.kwic.or.kr | 용접기 |
| 한국완구공업협동조합 | www.kotoy.or.kr | 완구 |
| 한국원양산업협회 | www.kosfa.org | 원양어획물, 수산물, 어류 |
| 한국유리공업협동조합 | www.glasskorea.org | 각종유리제품 |
| 한국의료기기공업협동조합 | www.medinet.or.kr | 의료기기 |
| 한국의류산업협회 | www.kaia.or.kr | 각종의류 |
| 한국조리기계공업협동조합 | www.kccmic.or.kr | 조리기계 |
| 한국자동차산업협동조합 | www.kaica.or.kr | 자동차 |
| 한국자동차산업협회 | www.kama.or.kr | 지동차 |
| 한국전기공업협동조합 | www.kemc.co.kr | 변압기, 발전기 외 |
| 한국전선공업협동조합 | www.koreacable.or.kr | 전선 |
| 한국전자공업협동조합 | www.keic.org | 전자기기, 부품, 완제품 |
| 한국제관공업협동조합 | www.kcanic.or.kr | 제관 |
| 한국제약협회 | www.kpma.or.kr | 약품 |
| 한국제지연합회 | www.paper.or.kr | 각종지류 및 펄프 |
| 한국조명공업협동조합 | www.kiic.or.kr | 조명기기 |
| 한국조선공업협동조합 | www.kosic.or.kr | 선박 |
| 한국조선해양기자재공업협동조합 | www.komea.kr | 조선해양기자재 |
| 한국주류산업협회 | www.kalia.or.kr | 주류 |
| 한국주물공업협동조합 | www.kfca.or.kr | 각종주물 |
| 한국철강협회 | www.kosa.or.kr | 철강 |
| 한국출판협동조합 | www.koreabook.or.kr | 도서 |
| 한국침장공업협동조합 | www.chimjang.or.kr | 이불, 요, 베개 커버, 매트리스 |
| 한국통조림식품공업협동조합 | www.canfood.or.kr | 어육통조림, 과일통조림 외 |

| 단체명 | 웹사이트 주소 | 취급품목 |
|---|---|---|
| 한국포장기계협회 | www.kpmasite.or.kr | 포장관련 각종기계 |
| 한국페인트잉크공업협동조합 | www.kpic.or.kr | 페인트 및 인쇄잉크 |
| 한국프라스틱공업협동조합연합회 | www.kfpic.or.kr | 플라스틱제품 |
| 한국피혁공업협동조합 | www.leather.or.kr | 피혁원단 |
| 한국화장품공업협동조합 | www.kcic.or.kr | 화장품 |

**무역으로 돈을 벌 수 있는 7가지 방법 : 실전에 강한 무역창업 〈최신 개정판〉**

초판 1쇄 발행 | 2016년 2월 27일
개정초판 1쇄 인쇄 | 2020년 6월 15일
개정초판 1쇄 발행 | 2020년 6월 20일

지은이 | 이기찬(KeeChan Lee)
펴낸이 | 최점옥(JeomOg Choi)
펴낸곳 | 중앙경제평론사(Joongang Economy Publishing Co.)

대 표 | 김용주
편 집 | 한옥수·유라미
디자인 | 박근영
마케팅 | 김희석
인터넷 | 김회승

출력 | 한영문화사 종이 | 한솔PNS 인쇄·제본 | 한영문화사

잘못된 책은 구입한 서점에서 교환해드립니다.
가격은 표지 뒷면에 있습니다.

ISBN 978-89-6054-254-9(03320)

등록 | 1991년 4월 10일 제2-1153호
주소 | ㉾ 04590 서울시 중구 다산로20길 5(신당4동 340-128) 중앙빌딩
전화 | (02)2253-4463(代) 팩스 | (02)2253-7988
홈페이지 | www.japub.co.kr 블로그 | http://blog.naver.com/japub
페이스북 | https://www.facebook.com/japub.co.kr 이메일 | japub@naver.com
♣ 중앙경제평론사는 중앙생활사·중앙에듀북스와 자매회사입니다.



※ 이 도서의 국립중앙도서관 출판시도서목록(CIP)은 서지정보유통지원시스템 홈페이지(http://seoji.nl.go.kr)와
국가자료공동목록시스템(http://www.nl.go.kr/kolisnet)에서 이용하실 수 있습니다.(CIP제어번호:CIP2020021698)